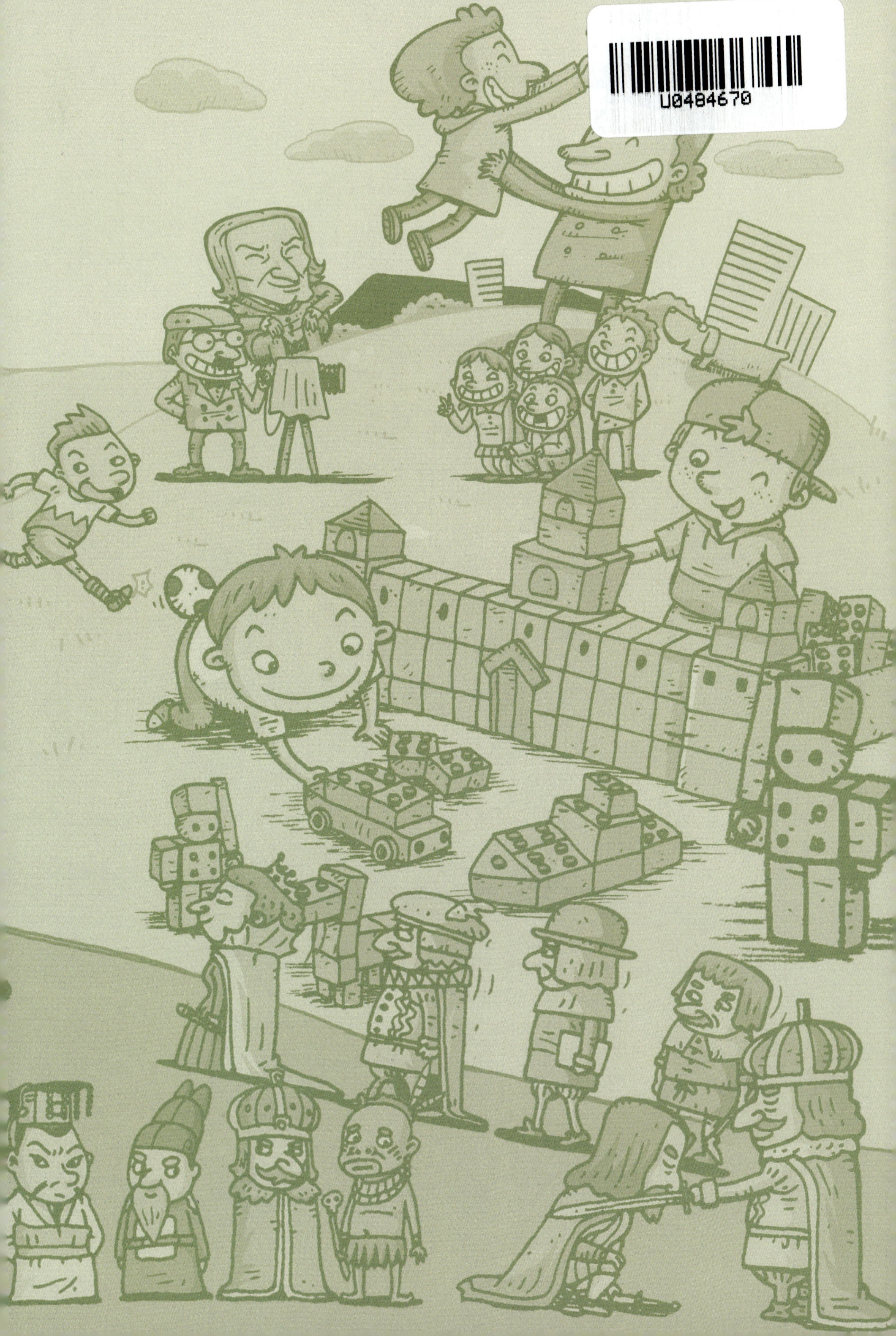

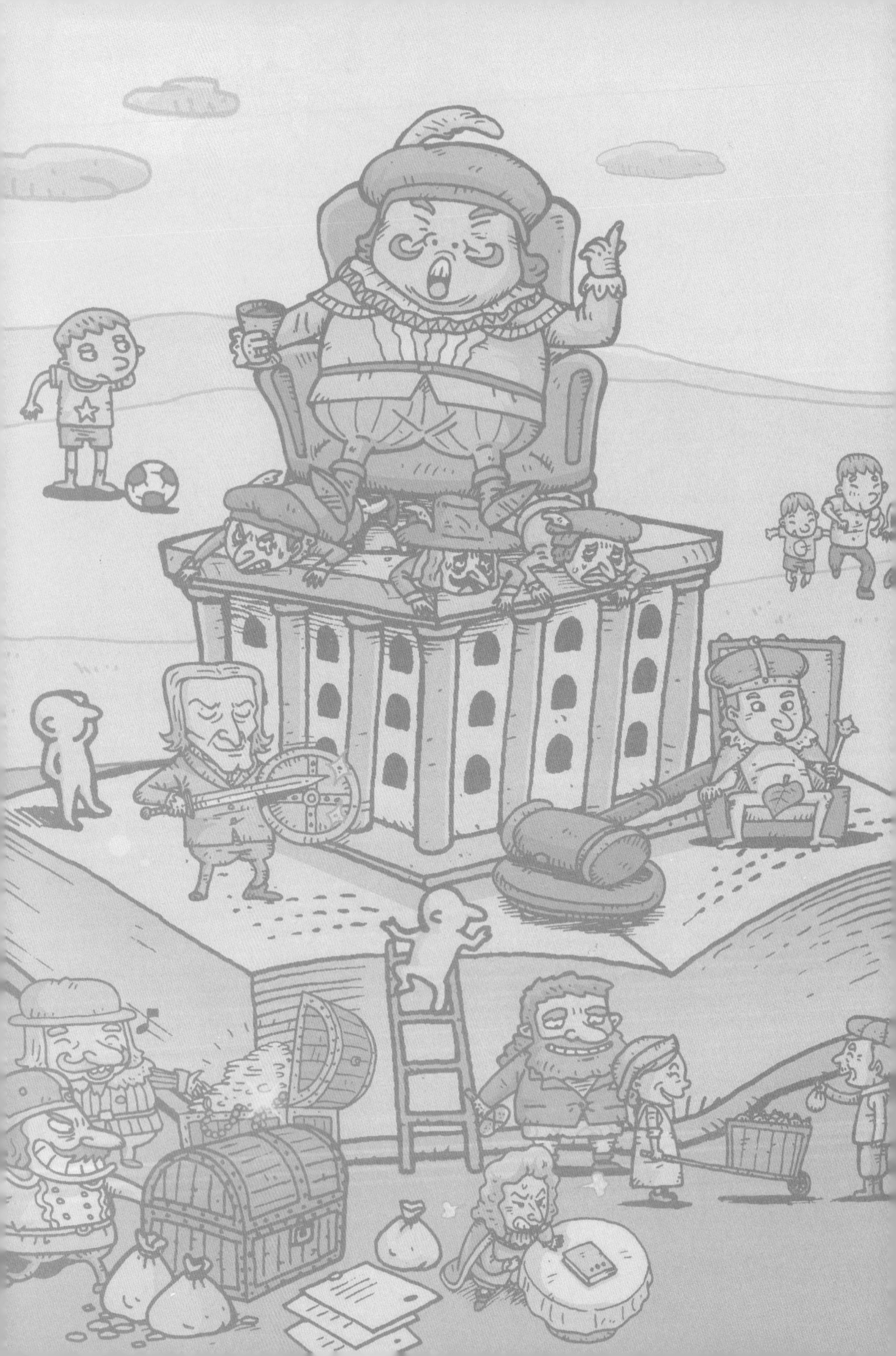

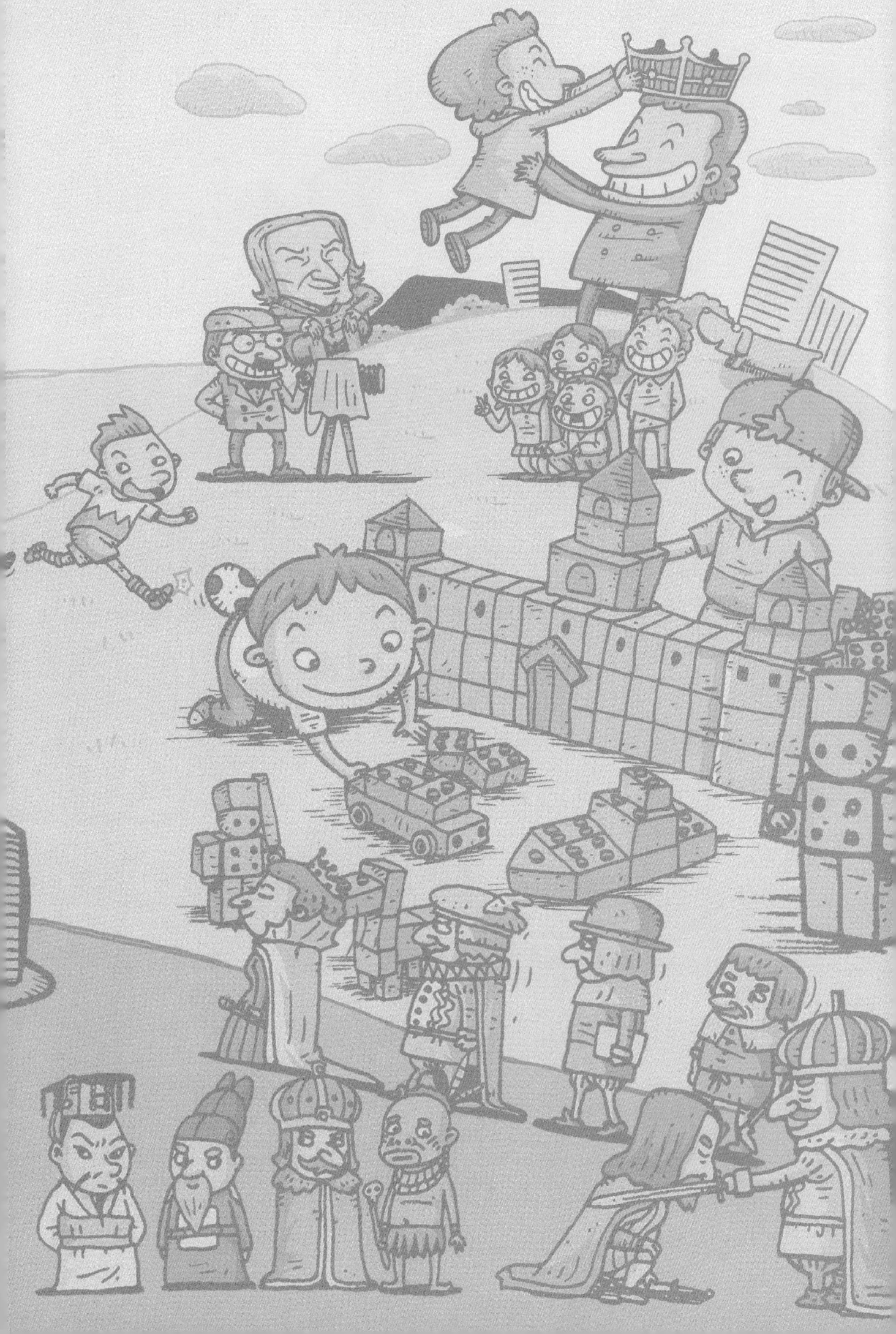

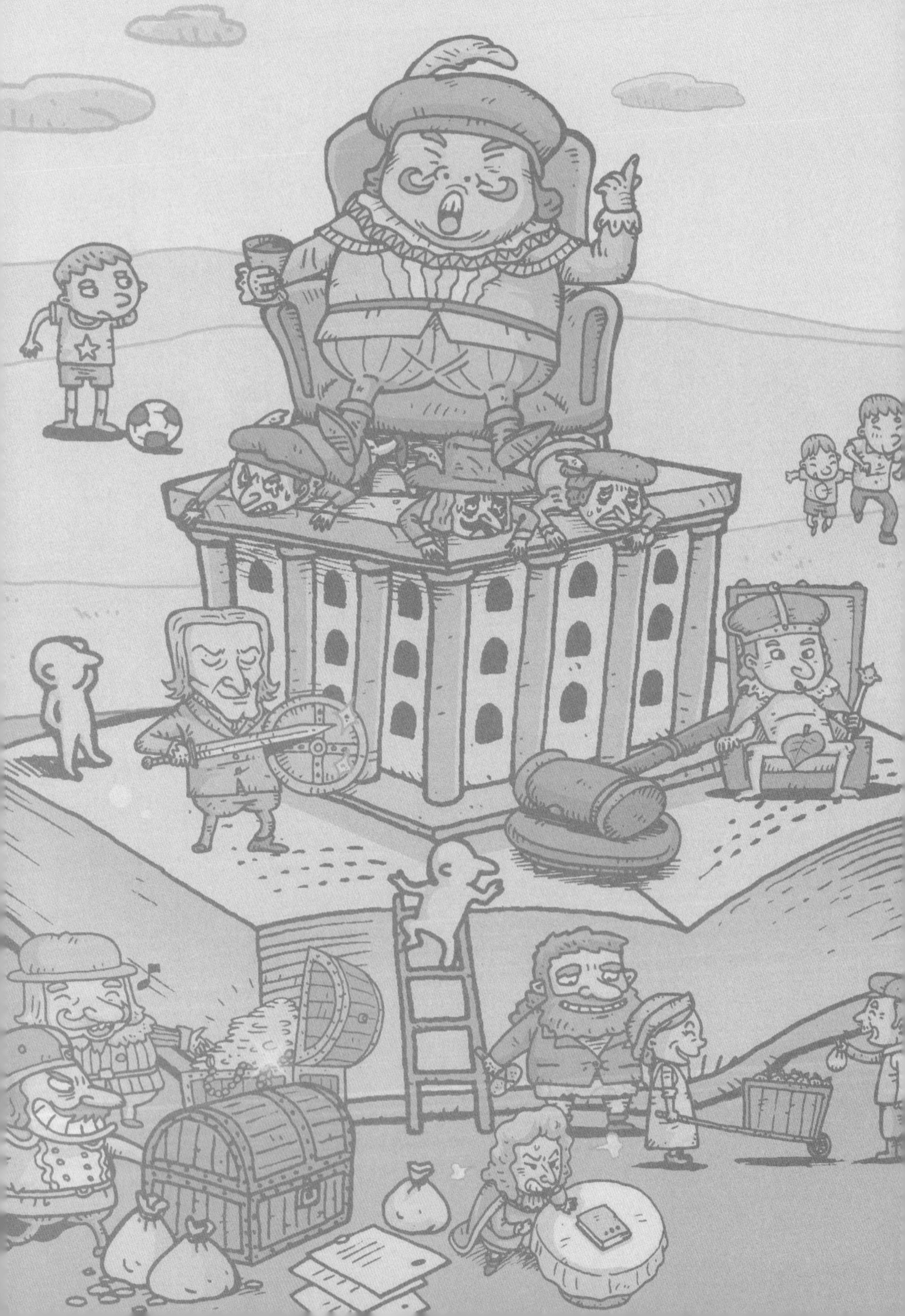

看漫画读经典系列

洛克的政府论

Two Treatises of Civil Government

［韩］李根镕 著　［韩］周京勋 绘

杨俊娟 等译

科学普及出版社
·北京·

图书在版编目（CIP）数据

洛克的政府论 /（韩）李根镕著；（韩）周京勋绘；杨俊娟等译. --北京：科学普及出版社，2023.10
（看漫画读经典系列）
ISBN 978-7-110-10265-7

Ⅰ.①洛… Ⅱ.①李… ②周… ③杨… Ⅲ.①洛克(Locke, John 1632-1704)—政治哲学—通俗读物 Ⅳ.①B561.24-49

中国版本图书馆CIP数据核字（2022）第176451号

Two Treatises of Civil Government by John Locke Written by Lee Keun-Yong, Illustrated by Ju Kyung-Hun,
Copyright © 2009 by Gimm-Young Publishers, Inc.
All rights reserved
Simplified Chinese copyright © 2023 by Popular Science Press
Simplified Chinese language edition arranged with Gimm-Young Publishers, Inc.
through Eric Yang Agency Inc.
版权所有 侵权必究
著作权合同登记号：01-2012-3083

总 策 划	秦德继　　周少敏
策划编辑	何红哲　　任　洪
责任编辑	何红哲
封面设计	孙雪骊
版式设计	北京市青桃涵文化发展有限公司
责任校对	张晓莉
责任印制	李晓霖

出　　版	科学普及出版社
发　　行	中国科学技术出版社有限公司发行部
地　　址	北京市海淀区中关村南大街16号
邮　　编	100081
发行电话	010-62173865
传　　真	010-62173081
网　　址	http://www.cspbooks.com.cn
开　　本	787mm×1092mm　1/16
字　　数	220千字
印　　张	14
版　　次	2023年10月第1版
印　　次	2023年10月第1次印刷
印　　刷	北京长宁印刷有限公司
书　　号	ISBN 978-7-110-10265-7/B・85
定　　价	38.00元

（凡购买本社图书，如有缺页、倒页、脱页者，本社发行部负责调换）

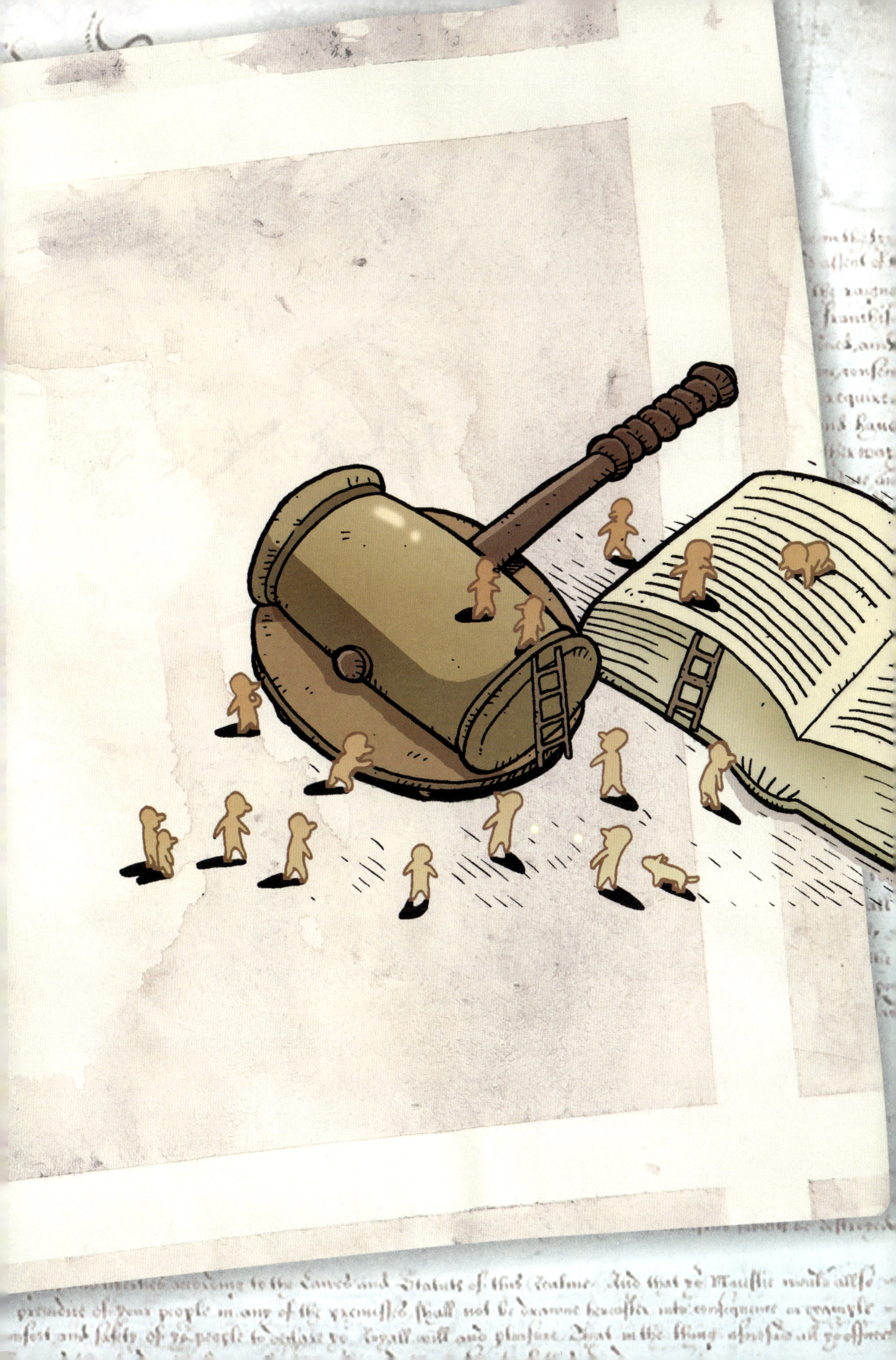

| 策划者的话 |

透过漫画，邂逅大师
让人文经典成为大众读本

  40多年前，在我家的胡同口，有一个专门向小孩子出租漫画书的小店。地上铺着一块大大的黑色塑料布，上面摆满了孩子喜欢的各种漫画书，只要花一块钱就可以租上一本。就是在那里，我第一次接触到漫画。那时我一边看漫画，一边学认字。从那个时候起，我就感受和领悟到了漫画的力量。

  漫画使我与读书结下不解之缘。慢慢地我爱上了读书，中学时我担任班里的图书委员。当时我所在的学校，有一座拥有10万册藏书的图书馆，我几乎每天都要在那里值班，边打理图书馆边读书，逗留到晚上10点。那个时期，我阅读了大量的书籍。

  比如海明威的《老人与海》，和我同龄的孩子都觉得枯燥无味，而我却至少读了四遍，每次都激动得手心出汗。还有赫尔曼·黑塞的《德米安》，为我青春躁动的叛逆期带来了许多安慰。我还曾经因为熬夜阅读金来成的《青春剧场》而考砸了第二天的期中考试。

  那时我的梦想就是有朝一日能经营一家超大型图书馆，可以终日徜徉在书的世界里；同时，我还想成为一名作家，写出深受大众喜爱的作品。而现在，我又有了一个更大的梦想，那就是创作一套精彩的漫画书，可以为孩子带

去梦想和慰藉，为孩子开启心灵之窗，放飞梦想的翅膀，帮助他们更加深刻地理解自己的人生。

这套书从韩国首尔大学推荐给青少年的必读书目中精选而出，然后以漫画的形式解读成书。可以说，这些经典名著凝聚了人类思想的精华，铸就了人类文化的金字塔。但由于原著往往艰深难懂，令人望而生畏，很多人都是只闻其名，却未曾认真阅读。

现在这套漫画书就大为不同啦！它在准确传达原著内容的基础上，让人物与思想都活了起来。读起来引人入胜，犹如身临其境，与那些伟大的思想家展开面对面的对话。这套书的制作可谓是系统工程，它是由几十位教师和专家组成的创作团队执笔，再由几十位漫画家费尽心血，配以通俗有趣又能准确传达原著精髓的绘画制作完成。

因此，我可以很负责任地说，这是一套非常优秀的人文科学类普及读物。这套书不仅适合儿童和青少年阅读，也适合成人阅读，特别是父母与孩子一起阅读。就如同现在有大众明星、大众歌手一样，我非常希望这套"看漫画读经典系列"图书可以成为广受欢迎的大众读本。

孙永云

|作者的话|

如何轻松、准确地阅读古典著作

在中学学习民主主义的历史（注：韩国的课程）时，有些国家和人物是必定会讲到的。例如，英国、法国、美国，还有洛克、卢梭、孟德斯鸠，等等。但是，要想准确理解为什么必然提到这些国家，这些人物又发挥了什么样的作用，则是一件不容易的事。

在大学也是一样，经常会听到老师要求学生阅读古典著作。但真正阅读的时候，可能会有一种感觉：怎么这么难懂又无趣啊！那时候经常是为了应付考试才去读这些著作，一旦考试结束，这些就会从记忆中完全删除。

阅读古典著作对我来说，是因为要教学生而变得特别迫切。给学生上课时出现"卡壳"的部分，也通常与古典著作有关，无奈之下，我只能再去重读这些书籍，但依然觉得阅读起来很困难。我甚至因此而感到内疚，因为要让学生们也去阅读这些晦涩难懂的文字。

古典著作也因此给我留下了一些并不怎么美好的记忆。如果不是编写这本书，这种感觉也许会一直持续下去。有机会能够重新学习洛克的《政府论》，对我来说是一件很幸运的事。

觉得古典著作晦涩难懂，原因大概是我们的知识不能像网络那样全部串联起来。无论是自然科学，还是社会科学，如果不能准确理解当时的社会状况，则很难完整地领会著作的内涵。就我个人的阅读经历而言，之前只是把知识堆积在一起，英国就是英国，洛克就是洛克，民主主义就是民主主义，而不能将它们联系在一起，所以会觉得古典著作难以理解。

在编写这本书的时候，我力求能让读者不要去重复与我相同的问题。在书中我详细阐述了洛克那个年代英国以及欧洲的概况，因为只有了解了这些，才能更加轻松而且准确地理解洛克的思想和主张。

阅读古典著作绝对不是一件容易的事，但是，如果选择放弃这些著作则更加令人遗憾。所以，希望通过这本书，让更多的读者鼓起向古典著作发起挑战的勇气。我努力让这本书为大家开启一扇通往古典著作的大门，真诚地希望我的这种努力能传递给每一位读者。

李根镕

| 绘画者的话 |

近代民主政治的先驱者
——洛克

洛克出生于英国萨默塞特郡灵顿村，是英国著名的哲学家和政治思想家。他经历了英国清教徒革命和光荣革命，是议会制取代君主专制的资产阶级革命时期非常活跃的人物。

洛克的代表作《政府论》虽然在英国光荣革命两年后出版，但是书中的大部分内容是在光荣革命之前撰写的，《政府论》中所包含的自由和民主主义思想在革命的过程中就已经被广泛传播。

在洛克生活的那个时代，作为国家最高权力的主权是属于国王的，"君权神授"的思想占据着人们的大脑。但是洛克认为，国王也是人，和其他人一样，并不是从一出生就应该掌握国家权力，君主专制是错误的。政治权力应该"人人同意"才能成立，在自然状态下，人人都是平等的，享有完全的自由和相同的权力。

与主张"个人权利应该全面授予统治者"的另一位英国哲学家托马斯·霍布斯不同，洛克提出的是一个"权力受到限制的政府"。对于不正当的专制权力，公民拥有"抵抗的权利"，就是凭借这一点，洛克被看作是"最伟大的民主主义思想家"。

洛克是第一个提出宪政民主政治和人的自然权利的人，除了英国，《政府论》中提出的政治思想对美国和法国等国家也产生了深远的影响。洛克的自由主义思想也体现在美国的《独立宣言》中，因为起草《独立宣言》的托马斯·杰斐逊深受洛克思想的影响。洛克的思想对法国的影响就更大了，法国的《人权宣言》直接体现了他的思想。而且，洛克的思想还影响了后来法国的启蒙主义运动和大革命等重大事件。

在学习现代民主制度时，必须要深入了解的一个人物就是洛克。通过这本书，希望可以帮助大家更好地理解洛克和他的思想，以及民主主义的理论。

周京勋

[目录]

策划者的话　透过漫画，邂逅大师
　　　　　　让人文经典成为大众读本
作 者 的 话　如何轻松、准确地阅读古典著作
绘画者的话　近代民主政治的先驱者——洛克

第1章　《政府论》是一本怎样的书 12

第2章　洛克是个什么样的人 36

第3章　论自然状态 58

第4章　论战争状态 80

第5章　论财产权 98

第6章　论父权 116

第7章　论政治社会的起源 132

第8章 政府的目的和形式 152

第9章 论立法权的范围 172

第10章 论特权 194

《大宪章》 34
辉格党和托利党 56
成文法与不成文法 78
托马斯·霍布斯 96
凯恩斯和凯恩斯学派 114
社会契约论"三剑客" 130
克伦威尔 150
孟德斯鸠的政体观 170
托克维尔的观察 192
英国议会制的历史 208

第1章 《政府论》是一本怎样的书

大家读过《政府论》这本书吗?

书名也可以翻译为《公民政府论》。

那么,听说过约翰·洛克这个人吧?

还有这些名词:权力分立、公民自由、法治主义、保障私有财产权……

啊,这些我听说过!

这些著名理论的根源就来自洛克的著作《政府论》。

这本书也可以说是现代许多国家所执行的政治制度的根。

政治制度

洛克的政府论

所以，一些政治学者将我们现在生活的年代称为"洛克的时代"。

那是当然了！哈哈。

什么？

我叫洛克（Locke），不是摇滚（Rock）。

300年前的英国学者就已经设计好了今天的生活方式，这是不是很神奇的一件事呢？！

得意扬扬

嘿嘿，是不是特别值得崇拜。

洛克的《政府论》是分成上篇和下篇来出版的。

政府论（上篇）　政府论（下篇）

上篇主要是对当时非常流行的君权神授论的批判，其内容并不适合现代来阅读。

对罗伯特·菲尔麦爵士及其一派错误理论的发现和反驳。

这个家伙就是我的眼中钉！

詹姆斯一世

所以，提到《政府论》的时候，一般指的都是下篇。

就是这本书。

论政府的真正起源、范围和目的

关于《政府论》出版的准确时间，学术界有多种说法。

洛克的著作大部分都是匿名出版的，

嗯……

这次要用哪个名字来出版呢？

第1章　《政府论》是一本怎样的书

这是因为，洛克的思想在当时被认为是非常激进而且危险的，因此其著作被禁止出版。

托利党

那个家伙的思想非常危险，一定要严密监控。

直到洛克临死之前，大家才知道《政府论》的真正作者是他。

吓一跳吧？

在后世对洛克的研究上，虽然许多学者存在一些不同的意见，但基本上公认，《政府论》上篇完成于1680年前后，

下篇则完成于洛克逃亡到荷兰期间，也就是1683年以后。

《政府论》的正式出版时间是1690年，在此之前，其实就已经完成创作了。

已经有很多人知道这本书的内容了。

以及怎样保护权力。

看看这个吧！

这本书并非单纯的学术著作，洛克在书中还深入探讨了当时英国的政治局面，并对此提出了自己的看法。

国王到底是做什么的？

还有议会？

《政府论》主要是论述政府的权力来自哪里，

当然是来自神的代言人国王。

啊！

14　洛克的政府论

因此，我们有必要先了解一下当时英国的社会状况。

想要正确理解《政府论》，首先必须了解被君权神授论支配的英国社会。

詹姆斯一世：除了神，国王不需要对任何人负责。

大家都知道，英国是近代民主主义的起源地。

但是大家知道为什么会这样吗？

英国的一个重要特点，就是议会制度非常健全。

议会的历史长达800年。

在将近800年的漫长时间里，议会的职能发生过多次变化。

当然，在最开始的时候，议会并没有现在这样强大的力量。

议会的产生是从《大宪章》（Magna Carta）开始的。

《大宪章》是指1215年英国国王约翰签署的一份宪法性文件。

其实就是盖上玉玺。

当时，约翰无法获得民众的支持，对手下的大臣也不信任。

他们是不是都把我当作傻瓜了。

而且，他不顾这样的形势，依然独断专行，坚持出征法国，最终大败而归。

我们要去收复法国境内的领地！

第1章 《政府论》是一本怎样的书　　15

战争中落败的约翰，在与其积怨已深的大臣们的胁迫下，被迫签署了《大宪章》。

《大宪章》的核心内容之一就是国王不得随意征税。

你不能随便征税，必须要得到国民代表的同意。

如果陛下违反了这个宪章的内容，由25名贵族组成的监督委员会拥有否决国王的权力，明白了吗？！

哦……

英国的议会制度就是以此为基础逐渐发展起来的。

但是，英国的国王们并不会心甘情愿地让议会分享自己的权力。

真不想分给他们……

幸好在约翰以后，亨利七世、亨利八世，以及伊丽莎白一世等，

亨利七世　亨利八世　伊丽莎白一世

都是很杰出的国王，英国的国力慢慢增强，国王的权限也随之越来越大。

朕嫁给了国家！

洛克的政府论

与此同时，议会也在壮大。

并不是只有伟大的国王！

就像我在书中指出的那样，如果历代的统治者都很优秀，或许就不会发生动乱或是政变。

动乱往往是由于出现了贪婪、独裁的统治者导致的。

说我吗？

可以说，战争是强化王权的最佳手段。

因为一旦与其他国家开战，国内的问题就要暂时搁置，所有人都必须以国王为中心团结起来。

因此，当时在欧洲，经常会由于各种各样的理由发动战争，其中"百年战争"有着非常重要的意义，它结束了一个时代，同时又开启了一个新时代。

百年战争（1337—1453）指的是发生在英国和法国之间的一场长达百余年的战争。

我是15岁参战的……

国王换了好几任，战争却一直在持续。

爱德华三世　理查二世　亨利四世　亨利五世

战争初期，英国一直处于强势，占领了法国的大片领土。

刺啦

太好了！

法国

第1章 《政府论》是一本怎样的书　17

但最终，英国却战败了。
逆转战势的是法国民族英雄圣女贞德。
咚咚
战争的失败削弱了英国的王权。
输得真是太不光彩了……
这一百多年就光打仗了吗？！
从战场上回来的贵族们也陷入了要担心自己生存的境地。
之后，英国就陷入了一片混乱之中。
对于失败的一方，战争的余波会蔓延到更多的地方。
唰啦啦
不管怎样，最要紧的是先活下来。
发抖
国内的混乱又引发了一场新的战争。
那就是玫瑰战争（1455—1485）！
锵
锵
“玫瑰战争”这个名称来源于开战的两支王族的家徽，约克家族的白玫瑰和兰开斯特家族的红玫瑰。
哇
哇
玫瑰战争实际上只是发生在英国贵族之间的战争。
对于一般民众来说，这两个家族中谁成为国王都无所谓。
还不放开我？
玩儿得挺好呀！
我不喜欢看人打架！

而对于贵族们来说，这却是一场决定谁能在百年战争后的混乱状态中生存下来的重要战争。
咚咚
竟然想把我甩在一边，霸占国王的宝座。
最终，兰开斯特家族取得了胜利，但贵族们却没得到什么好处。
我们兰开斯特家族胜利了。我要跟约克家的女儿结婚，结束这场无聊的战争！
总算结束了。
相反，本来在英国势力最强大的贵族，由于战争的缘故，人数上出现了大幅度减少。
呜呜
战争结束了，一家人全都……
男人们都在玫瑰战争中战死了。
这样的结果让国王的力量前所未有地强大起来。
在当时，如果某位贵族死亡，他的财产就归国王所有。
给我把城堡里所有的东西都搬走，一件不留！
百年战争和玫瑰战争给整个欧洲也带来了巨大的变化。
现在你们都知道王权的强大了吧？
都是因为贵族们自相争斗，削弱了势力……
在中世纪，贵族们通常以某个领主为核心，拥有强大的力量。
国王也要羡慕我们的权力。
贵族
贵族
领主
贵族
贵族
贵族
最终，玫瑰战争结束后上台的亨利七世掌握了绝对的王权。
玫瑰战争后，则形成了以国王为中心的权力格局。

因此也就出现了掌握着绝对王权的君主。

而牵制国王的贵族势力，则逐渐衰退。

其实我们也想反抗，但是人太少了……

在英国，贵族人数减少的同时，又出现了一股新势力，这股势力被称为上流阶层（Gentry）。

绅士（Gentleman）一词就来自上流阶层（Gentry）。

上流阶级主要由法官或者工商业者等新的富有者组成。

他们不仅在经济上很成功，在政治上也非常活跃，出入议会，成了一股重要的新势力。

贵族势力由于战争而逐渐削弱，同时，英国却慢慢走上了民主制的道路。

从亨利七世开始的都铎王朝，将玫瑰战争后被强化的王权发展成了君主专制。

在都铎王朝的历任国王中，最受英国民众爱戴的就是伊丽莎白一世，她发展了英国的海上贸易。

我会根据国家需要去支持海盗。

嘿嘿……

历史的天平总是会向一边倾斜，让一边降下去，另一边升起来。

女王陛下，西班牙的商船我们会自己看着办的。

洛克的政府论

她本着节约的精神，减轻了国民的负担。
我爱你，伊丽莎白！
哇
哇
上帝保佑我的女王！
哇
哇
女王陛下万岁！
通常来说，有一个强大的国王，议会就很难有所作为。
嗡嗡
我们无事可做……
不过，我们为什么不谈《政府论》，而说起了英国历史呢？
这是因为，要想理解《政府论》，就要先了解英国历史。
与其说《政府论》是来自我的大脑，不如说是来自英国历史更准确。
那么，现在让我们重新回到历史上去吧。
伊丽莎白一世这位伟大的君主，一生未婚。
等等，女王死后，应该由谁来继承王位呢？
女王会指派谁呢？
女王指派的继承人就是苏格兰国王詹姆斯六世。
詹姆斯六世是玛丽·斯图亚特的儿子。
我是苏格兰的女王。
玛丽·斯图亚特是詹姆斯五世的女儿，詹姆斯五世是玛格丽特公主的儿子，玛格丽特公主则是亨利七世的女儿……
好了，好了。
这也太复杂了吧。

也就是说，苏格兰国王詹姆斯六世是英国国王亨利七世的玄外孙。
总之一句话，我的玄外孙成了英国的国王！
太姥爷！
刺刺
纵观英国历史，在王位继承过程中经常会出现外国国王的身影，所以詹姆斯六世上台并没有什么问题。
有从法国来的，还有从荷兰来的……
于是，苏格兰的詹姆斯六世成了英国的詹姆斯一世。至此，从亨利七世开始的都铎王朝宣告结束，斯图亚特王朝开始了。
国家一直持续和平与繁荣，议会虽然是英国政治的重要势力，却依然无法发挥更大的作用。
我们并不那么认为，陛下。
讨厌的议会……
耳屎
詹姆斯一世坚信，国王的权力是上天赋予的。
应该称国王为神。
什么应该！
国王就是天上的神降临到人间的。
王权不应受到任何限制，议会成员只要给国王一些建议就足够了。
什么？
够了？
与伊丽莎白一世不同，詹姆斯一世非常热衷于奢靡的生活，花费大大超出了限度，因此经常与议会成员发生冲突。
陛下，钱都花光了。
空
再多收点儿税不就行了嘛。

直到詹姆斯一世的儿子查理一世登基，依然不断爆发这样的冲突。
查理一世受到父亲的影响，也同样认为国王的权力是上天所赐。
啊……当然应该称呼国王为神……神。哈哈哈。
哐当
父王说得很对！
国王的这种态度，让议会成员感到非常不满。
真是有其父必有其子。
就是结巴这点有些不一样。
废了他？
后来，查理一世发动了对西班牙的战争，与议会成员的矛盾也越发尖锐。
喀，喀，西班牙人听着，我……我宣布开战。
以为我们西班牙的无敌舰队是摆设吗？
英国的国王也太……
打仗必须用钱。因此，查理一世不得不召集议会成员开会，寻求他们的支持。
向议会伸手？还是不伸？
关于这一点，在《大宪章》中早有明确的规定。
一直对议会心怀不满的查理一世并没有打算召集议会成员商议。
我……我一个人也没问题。
但是，这场与西班牙之间的战争需要大笔资金，查理一世不得不在1628年再次召集议会成员开会。
与西班牙的战争不是已经失败了吗？
你要跟我们解释一下战争费用和外交政策。
呃啊
这次可没那么容易混过去了。
开这个会真是啰唆。

24

这些重要的内容再次强调了议会的作用，将议会对国王的牵制作用通过律条加以明确。

《大宪章》之后形成了议会制度，议会的作用变得更加重要。但是在都铎王朝，议会受到了国王的压制。

被国王踩在脚下，根本没法出声。

让人感到无奈的是，当时的议会只有在国王的召集下才能召开，

听着，我要召开议会，大家来集合！

所以有时可能是3年召开一次，有时可能是5年召开一次，因为国王的地位要高于议会，这也是当时议会的一个制度性弱点。

好久不见，你已经这么老了。

我们有几年没见了？

查理一世虽然接受了《权利请愿书》，但并没有打算真正照做。

不必管议会同不同意，还像以前那样去收税！

朕是绝对不会让你们这些家伙牵着鼻子走的！！

就这样，查理一世并没有遵守自己签署的《权利请愿书》，于是议会又做出了下面的决议。

任何人，如果未经议会通过而私自征税，都将被视作国家的大敌。

怒不可遏的查理一世逮捕了9名议会成员，将他们监禁在伦敦塔里，

咬牙切齿

竟敢说朕是国家的大敌……

并解散了议会。

都回家去吧！

在那之后长达11年间，都没有再召开过议会！

第1章 《政府论》是一本怎样的书　25

查理一世的独裁统治加剧了英国民众的不满，他们的反抗情绪最终引发了清教徒革命。
奥利弗·克伦威尔
这也是有记载的第一次公民革命。
关于清教徒革命的内容，在介绍洛克生平的时候还会详细说明。
刚出来就要退场了。
难为情
回来！
取消了议会后，查理一世却在1640年不得不重新召集议会。
为了解决战争军费问题，只能再次召开议会。
哼
然而，国王与议会成员的冲突变得更加激烈，民众也都站到了查理一世的对立面上。
那就先从对政府的不满开始谈起吧。
反对开战！
啪
只在需要的时候才找我们来……
早就知道会这样……
最后，查理一世被处死，英国进入了历史上前所未有的共和时代。“共和”指的就是没有国王的政府。
哼！没有了我，看你们到底会怎么样！
这个时期虽然非常短暂，但是清教徒革命却彻底改变了英国民众的思想。
原来我们可以推翻一个错误的政府。
洛克在《政府论》中将这种思想概括为抵抗权概念。
1776年的美国《独立宣言》和1789年的法国《人权宣言》都明确了公民抵抗权。
斯图亚特王朝复辟之后，查理二世登上了王位。很遗憾，他同样不是一位好国王。
等等，刚上台就打算让我出丑吗？
他也过着极尽奢靡的生活，
只是追求一点享乐，神是不会怪罪的。

他上台后，推行了一系列偏袒天主教的政策，也逐渐拉开了与议会之间的距离。
哼哼
太不像样了！
嘿嘿
但是，由于查理二世是民众恭迎回来的国王，所以他还是能够维持着自己的王位。
真是万幸啊。
另外，查理二世之后的王位继承问题也变得很严峻。
因为最应该继承王位的詹姆斯是个天主教教徒。
围绕着詹姆斯的王位继承问题，英国国内分成了两派。
首先是支持詹姆斯继承王位的托利党，
罗伯特·菲尔麦
就是我菲尔麦爵士支持的君权神授论。
必须无条件地服从!!
不要忘记，是神赋予国王以权力。
而对此持反对意见的就是辉格党。
这就是《政府论》上篇的内容。
政府论（上篇）
在这个时期，洛克发表了《政府论》的上篇，标题是这样的。
幸好在书出版时他没有用真名。
对罗伯特·菲尔麦爵士及其一派错误理论的发现和反驳
最终詹姆斯还是登上了王位，他就是詹姆斯二世。
登基后的詹姆斯二世当然会镇压辉格党。
我一定要重新夺回王权！
那些妨碍我的人，哼哼……
我只能逃到荷兰去了。
我们下面要说到的《政府论》下篇，就是洛克逃到荷兰以后，

以“论公民政府的真正起源、范围和目的”为标题发表的。
这个人的书名总是这么长。
在争议与责难中，詹姆斯二世渐渐失去了民众的信任。
唉，我的人气指数啊！
曾经支持詹姆斯二世的托利党也开始背弃这个独裁者。
哼
怎么回事，怎么会这样？
哼
最终，英国议会在1688年通告将王位传给荷兰总督威廉公爵。
我的别名是“橙色公爵”。
我是他的妻子玛丽。
接受了这一提案的威廉公爵开始攻打英国，詹姆斯二世无力做任何抵抗，仓皇逃往法国。
就这么跑了。
那些地方贵族，曾经信任的大臣，甚至我的家人，都站到威廉那边了。
现在，英国即将迎来一位新的国王。
威廉三世
这一事件被称为“光荣革命”。
所谓“光荣革命”，意思是说没有流一滴血就建立了一个新时代。
这时候，洛克也终于可以重返英国，他的《政府论》也能够正式出版了。
荷兰，再见了！
英国终于迎来了一个新时代。

到目前为止，我们一直在讨论的英国历史，其最大特点就是议会成员与国王之间的冲突。 "要是怕了，你们就先停车！" "陛下，快停下来吧！"	议会成员努力想要限制国王的权力，而国王则想要压制议会成员。
经过光荣革命，意味着议会成员与国王之间的长期冲突终于落下帷幕。 "议会选举的威廉公爵已经来了！" "哎哟！"	光荣革命成功以后，议会成员向新国王提交了《权利请愿书》，并要求其签名。
这就是后来被批准定为法律的《权利法案》。	《权利法案》明确了议会的地位高于国王。	国王必须按照议会制定的法律来统治国家。 "这也意味着君主立宪制的开始。"
洛克的《政府论》中也包含了英国历史的这样一种传统，特别强调了议会的重要性。	实际上，《权利法案》的重要内容与洛克在《政府论》中所提出的内容基本相同。 "我们想说的话，原来洛克早就已经说了。"

第1章 《政府论》是一本怎样的书

《政府论》提出，应该把权力的中心放在议会。

洛克认为，只有议会，才是个人可以将自然状态的自由和平等的权利予以委托的唯一的代表机关。

> 我来负责维护你们的权利。

另外，洛克还通过《政府论》提出了"社会契约论"。

社会契约论之所以很重要，是因为可以从中找到社会或国家的起源。

> 说到社会契约论，怎么能忘记我们三个人呢。

约翰·洛克　　托马斯·霍布斯　　让-雅克·卢梭

他们认为，所谓国家，是在人们相互同意的情况下，为了保护个人的生命和财产而建立的。

> 我也是享有权利的公民呀……

> 吵死了！

而没有得到全体社会成员同意的权力，都是不正当的。

> 赶走独裁者！

重要的是，洛克认为，公民的同意才是权力的起源。

> 它会给我们提供树荫。

如同前面曾经说过的那样，这种思想就像是英国历史的一个传统而被流传了下来。

英国不同于欧洲的其他国家，国王会录用一些不是贵族的其他阶级的人来进行管理工作，这些人会非常重视民众的意见。

> 任命你为管理官员……

> 这也是英国议会制度的历史如此长的原因。

洛克的政府论

而这就是《政府论》中所强调的议会制度的历史背景。

另外，洛克对法治主义也做了详尽而有力的解读，其主要思想就是包括君主在内的所有人都应该依照法律进行统治，依照法律采取行动。

这样说可以吗？

国王也要遵守人制定的法律……

这样的原则也是近代以后大部分国家所遵守的原则。

但是，当时的欧洲正处于君主专制统治的时代，所以洛克的这种思想是非常激进的。

也许就因为我是英国人，所以才可能写出这样的书？

前面提到的《大宪章》《权利请愿书》《权利法案》都是希望能通过法律来牵制君主专制。

英国的这种传统也体现在洛克的《政府论》中。

洛克的《政府论》还进一步阐述了公民抵抗权的概念。

不正当的权力赶快消失。

砰

喔

如果公民有抵抗权，国家是不是就不会频繁地陷入混乱了呢？

认真听我往下说吧。

如果统治者或者政府能够正确地行使权力，

公民则完全不需要去抵抗。

真的……是那样吗？

发抖

发抖

第1章 《政府论》是一本怎样的书

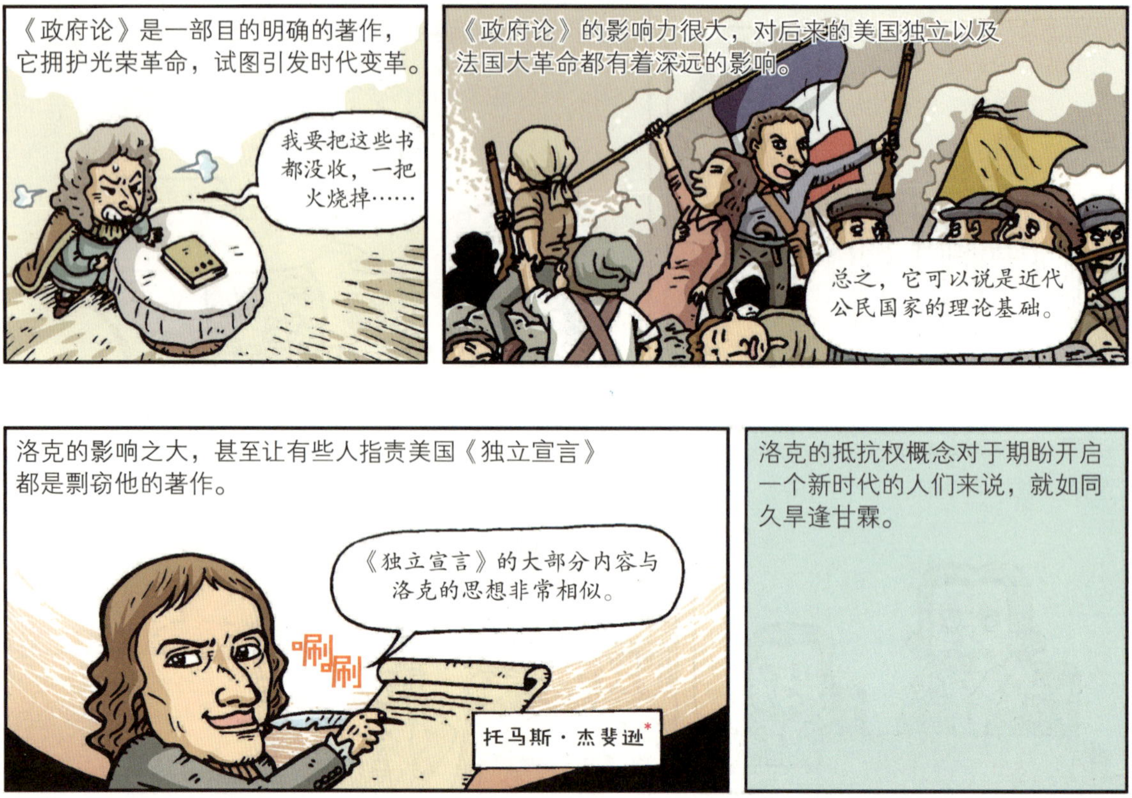

*托马斯·杰斐逊：美国第三任总统，《独立宣言》的起草人。

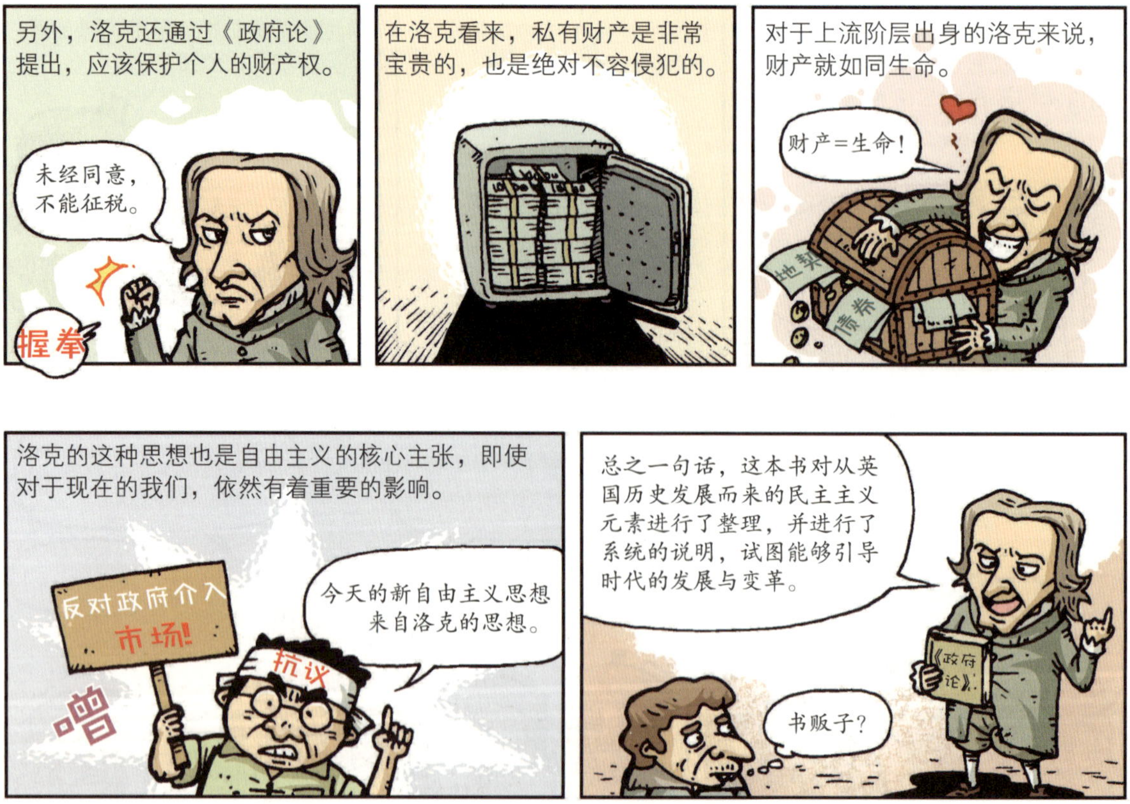

英国社会的变革起源于光荣革命，而在法国则发生了法国大革命。
这些人没有面包，吃蛋糕不就行了，有什么好吵的！
我们很饿！
我们要面包！
在美国，则发生了针对英国的独立战争。
对于抵抗君主专制下国王的暴政和统治阶级的极端要求，洛克提出的公民抵抗权概念来得是多么及时。
英国国王是暴君，不适合做自由民众的统治者。
这是独立宣言里的话。
这不是洛克书里的话吗？
就是啊。
此外，对于个人的自由和平等权利的强调，以及法治主义等思想，都为当时的人们带来了光明。
闪光
自由民主主义的基本精神都可以从洛克的《政府论》中找到。
韩国的宪法是以美国的宪法为蓝本制定的，所以也离不开洛克思想的影响。
宪法
可以说，近代以后，几乎所有国家的宪法都受到洛克思想的影响。
嗖嗖
现在你们知道为什么把当时的时代叫作“洛克的时代”了吧？
当然，《政府论》也存在着很多局限性。
啊？
咔嚓
比如，对私有财产的过分保护，对自然状态的模糊解释，肯定了财富的不平等。
勃然大怒
喂，等一等！
不管怎么说，我的书奠定了现在的政治制度！
好了，现在就让我们去见一见如此著名的约翰·洛克先生吧。
去认识洛克！

《大宪章》

2007年，一份《大宪章》副本的拍卖曾经引起了很多人的关注，最主要的原因是它拍出了超过2000万美元的惊人价格。《大宪章》是一份在民主制历史上有着重要意义的文件。

《大宪章》成了英国议会政治发展的契机。《大宪章》指的是1215年，当时的英国国王约翰与贵族之间签署的一份文书。英国国王约翰为了强化自己的权力，多次发动战争。而为了获得足够的军费，就要不断地增加赋税。英国国王的这种政策在贵族和普通民众中间引起了强烈的不满。战争失败之后，这种不满则变得更加强烈，最终英国国王约翰不得不在受到民众支持的贵族们的压力下签署了《大宪章》。

实际上，《大宪章》的内容并没有更多的创新，而只是为了保障贵族们的权利。不过，其对曾经处于绝对统治地位的国王权力的限制，则成了近代民主主义的萌芽。在英国，这一事件之后，每当需要指出国王的错误时，人们就会高呼

《大宪章》副本。它确立了限制王权的思想

《大宪章》。英国国王约翰以后，英国的历任国王在即位时，都必须要在新的《大宪章》上签名，所以这份文件就形成了多种版本。

宪章，是指在中世纪英国的法治制度下，国王赋予特定集团的特别恩赏或者包含具体允许事项的文件。《大宪章》中就包含了国王保障贵族权利的约定。《大宪章》与后来的《权利请愿书》和《权利法案》一起，成为民主制和议会制得以发展的基础，其意义变得越来越深远，而这些则与它最初制定的意图没有太大关系。《大宪章》中包括"未经全体公民的同意，国王不得随意征税""未经合法审判，不得随意惩罚国民"等共63条规定。英国议会就是以这些条文为根据，给予了历任国王以强大的制约。也就是说，从这个时期开始，英国逐渐发展成为以议会为中心的国家。"法律高于国王"的原则被书写成文件，同时，国王的权限不断被减弱，议会的权限则不断被加强，在英国，议会民主制逐渐占据了主要地位。

猎鹿中的英国国王约翰

第2章 洛克是个什么样的人

《政府论》的作者约翰·洛克到底是个什么样的人呢？

他被誉为"英国经验主义哲学之父""伟大的自然法思想家"，而他得到的最高评价是"伟大的民主主义思想家"。

总之，他是一个非常伟大的人物。

在哲学、伦理、宗教、政治、经济、社会、医学等各个领域，我的水准都是超乎想象的。

哈哈哈哈

太傲慢了。 喊！

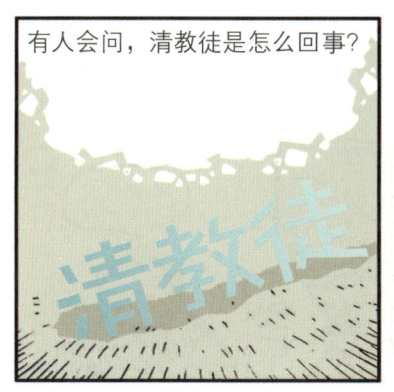

洛克1632年出生于英国萨默塞特郡灵顿村一个非常普通的中产阶级家庭。

他的父亲是一名律师，担任过地方治安法官的秘书，母亲是一名虔诚的清教徒。

> 我们都是清教徒。

有人会问，清教徒是怎么回事？

想要了解洛克的思想，也要从对清教徒的了解开始。

> 想要了解我的思想，这一点是必需的。

清教徒

大家都知道，教皇是天主教的最高领袖。

教皇是中世纪欧洲的精神支柱。

> 我就是耶稣基督的代言人，圣彼得的继承者，梵蒂冈的主权者……

教皇的权力很大，甚至连国王也不能随意挑战教皇的权威。

> 不管大事小事，都要看教皇的脸色……

中世纪欧洲的教皇行使其强大的权力，频繁地更换国王。

> 从现在开始你当国王。
> 啊
> 谢谢！

大家有没有听说过"卡诺莎之辱"？

第2章　洛克是个什么样的人

从这一事件可以看出，当时的教皇拥有多么强大的权力。

11世纪，教皇格里高利七世想要加强对教士的任命权。

格里高利七世

对于这个问题，神圣罗马帝国皇帝亨利四世与教皇的意见是完全对立的。

呃呃呃

主教的任命权当然是属于国王的。

因为一直以来，都是由国王来任命主教。

以前不是一直这样吗！

从现在开始不是了。

以后，主教、修道院院长等高级教士的任命权都归教皇。

皇帝必须要遵守这一点。

等着瞧！

因为这件事，国王宣布废黜教皇。

必须要废黜教皇。他想要拥有国王的权利，而不是承担教皇的义务！

教皇也表示与国王决裂，事件逐步升级。

我们要与支持亨利四世的所有国王决裂。

大臣和教士们都站到了教皇这边。

他们违背了诺言……

最后，亨利四世来到教皇所在的意大利卡诺莎城堡外，向教皇认错，并祈求宽恕。

卡诺莎城堡

如果一年之内得不到教皇的重新任命，大臣们也不会承认我这个国王了。

洛克的政府论

但教皇的宽恕不是那么轻易就能获得的，为了见到教皇，他在城外等了整整三天。

发抖

嗖嗖嗖

真是无比的屈辱啊！

总之，可以说这是一个象征着教皇无上权威的事件。

谢……谢谢！

教皇命令：从今天起恢复与亨利四世的关系。

但是，宗教改革之后，教皇的权限慢慢地被削弱了。

咯

国王的权限则相对加强了。

吱吱

无论何时何地，权力一旦过分集中和强大，都会带来不利影响。

一潭死水总是会很快腐臭……

强大的权力会使天主教过分干预世俗的权力。

卖免罪牌啦，卖免罪牌啦！

只要花几个钱，就可以免去牢狱之灾！

咯噔 咯噔

看样子教皇很缺钱呀。

在天主教内部，有人也指出了这种弊端，

其代表人物就是路德、加尔文这些年轻的神学家。

马丁·路德　约翰·加尔文

他们主张，应该重新回到基督教的精神上来，

只靠苦修或者捐款是不能获得拯救的，只有通过内心的信仰才能获得拯救。

第2章　洛克是个什么样的人

并因此形成了新教这一新的宗教改革势力。

新教（Protestantism）一词源于protest，意思是抗议、抵抗。

把因反对罗马天主教腐败而创立的各教派都集中起来，就形成了新教。

16—17世纪，新教对整个欧洲都有一定的影响。

不仅是宗教，新教还为政治、经济、文化等各方面都带来了变化。

哗啦哗啦

新教

怎么会发生这种事……

这就是时代的变化吧！

英国更是明显体现出这种变化的国家，

其重点就在亨利八世这位国王身上。

就是我宣布了英国的宗教独立。

16世纪的欧洲，宗教改革的呼声非常强烈，

上帝不会留在这样腐败的教会里！

教皇的权威也慢慢被削弱。

我们英国也不例外。

亨利八世其实并不反对天主教，

我反而是一个得到教皇肯定的忠诚的天主教徒。

只是事情的发生完全出乎意料。

那都是因为亨利八世想要借此强化自己的王权。

40　洛克的政府论

当时，英国的国力并不是特别强，所以非常重视与其他国家的关系，

其中，西班牙是最让英国头疼的国家。

我们西班牙是强大的国家，拥有无敌舰队，英国当然要看我们的脸色行事啦！

所以，亨利八世娶了西班牙的凯瑟琳公主为妻。

凯瑟琳

迎娶凯瑟琳，其实并不是亨利八世的本意。

为了英国的安全，我也没有办法……

也许大家会感到吃惊，凯瑟琳其实是亨利八世兄长的妻子。

我是亨利七世的长子亚瑟，

我才是凯瑟琳原本的丈夫。

但是，这位身体虚弱的兄长很早就死了。

才刚出场就要下台……

跺脚

作为弟弟的亨利八世继承了王位，而问题也随之而来。

主演：娜塔莉·波特曼 斯嘉丽·约翰逊

还把我的故事拍成了电影？

票房成绩怎样啊？

鸠占鹊巢

原来，英国的王子和西班牙的公主结婚，是想通过这种方式保障英国的安全，这是一次典型的政治婚姻。

可是没想到，王子早早地死了。

还有一个办法……

什么？

最后，为了保障英国的安全，亨利八世只得迎娶了自己的嫂子凯瑟琳。

请嫁给我吧！

啪

第2章　洛克是个什么样的人

没有爱情的婚姻，注定是英国国王的命运。
完全是政治婚姻……
啧
亨利八世和凯瑟琳的婚姻生活并不幸福。
根本的原因就是两人之间没有感情，并且凯瑟琳没有生下儿子。
不过还是生了一个女儿。
我长大以后，就是著名的“血腥玛丽”。
这也让亨利八世感到非常苦恼。
压力这么大，头发都快掉光了。
在王权还不稳定的情况下让女儿继承王位，这让他感到非常不安。
我需要一个儿子，儿子……
所以他想娶一位新妻子，这位新妻子是一个名叫安妮·博林的宫廷侍女。
但问题是，亨利八世是不可以离婚的。
天主教是绝对不允许离婚的。
哼！
亨利八世想了各种方法，希望能通过合法的途径解除婚姻，
为什么不行呢？
啊，离婚必须让教皇盖章才可以。
103

而凯瑟琳拥有当时势力强大的西班牙王室血统。

对于西班牙的势力,连教皇也不敢小觑。

果然是无敌舰队!

所以,亨利八世最终也没有得到教皇的许可,这让离婚这件事变得非常困难。

不行!

后来,亨利八世颁布了《至尊法案》,宣布英国成立自己的教会,确定英国国王是英国教会的最高首脑。

我宣布,英国圣公会诞生。

但是英国的国教并没有增加新的教义,内容上也几乎没有变化,

咕嘟 咕嘟

把天主教和新教混合以后……

只是为了将亨利八世的离婚合法化。

罗马教皇也只好装作不知道。

发抖

虽然亨利八世让英国教会与罗马教廷决裂,目的是为了顺利离婚,

再见,凯瑟琳!

结果却引发了一系列重大的变化。

蝴蝶效应

最终英国国内分成了两股势力:一股支持天主教;一股则支持新教,也就是英国圣公会。

哎呀,我可没想到会出现这样的情况。

第2章　洛克是个什么样的人

之后，英国的历史就进入了一个混乱的时期，随着国王的更替，国教有可能是天主教，

天主教

也有可能是圣公会。

圣公会

在这个过程中，还出现了一股新势力，就是清教徒。

所谓清教徒，是指在新教中，更加强调宗教纯粹性的一些人，

约翰·加尔文

> 他们是继承了加尔文主义的改革派。

他们希望能够更全面地实现宗教改革。

> 我们必须抵制罗马天主教的制度和倾向。

前面曾经说过，洛克的父母就是清教徒，

> 要想了解我，就必须先了解宗教改革和英国圣公会。

而且他们属于上流阶层。

> 上流阶层是指从14世纪开始，引发英国政治、社会变化的一股新势力。

上流阶层不是贵族，而是一些拥有经济实力或具有专业技能的人。

> 像我父亲那样的律师，也是上流阶层。

他们也是支持宗教改革的强大势力。

> 那是当然。
> 因为通过宗教改革，我们的政治地位会更高。

44　洛克的政府论

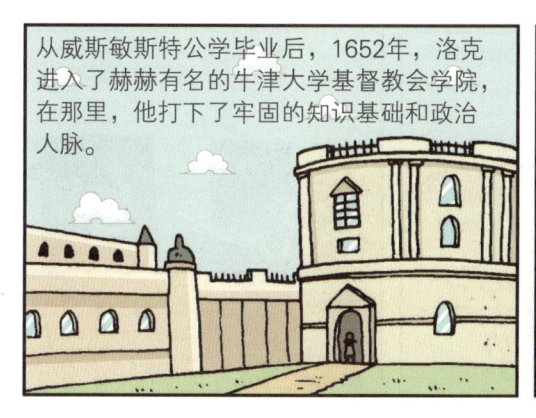

过去一直受到贵族压制的上流阶层，

好好享受吧，这是贵族的特别权利！

通过宗教改革，可以获得与贵族平等的社会地位。

嘿，你最近过得怎么样？

现在完全跟我平起平坐了……

洛克也因此而受益，可以到当时非常著名的贵族学校威斯敏斯特公学学习。

哇，这里就是威斯敏斯特公学啊！

哼，乡下人！

并且得到父亲的好朋友，一位议员的支持。

让我来帮你吧？

生在一个好时代，虽然不是贵族出身，但洛克也可以沿着一条精英的道路成长起来。

从威斯敏斯特公学毕业后，1652年，洛克进入了赫赫有名的牛津大学基督教会学院，在那里，他打下了牢固的知识基础和政治人脉。

但是，就读于这所学校的基本都是贵族子弟，所以思想非常保守。

那正是我的风格。我的性格本来就是谨慎保守的。

第2章　洛克是个什么样的人

这种保守性，在洛克对财产的管理上表现得尤为突出。
豆腐两块，葱一根，豆芽……
主人……你也太仔细了吧……
唰唰
洛克对租借自己土地耕种的人也很苛刻。
如果不能收获更多的粮食，就从我的土地上滚出去！
洛克继承了父亲的遗产，
正是因为有了这笔丰厚的遗产，洛克一生都衣食无忧。
看样子我的运气不错。
由于生在一个好时代，可以接受良好的教育，还继承了丰厚的遗产，一辈子衣食无忧。
这样的成长背景当然会对洛克的思想产生一定的影响。
清教徒
私有财产
所以，关于私有财产，洛克的信念是非常坚定的。
这是属于我的财产，就算国王也别想拿走……
对于既是清教徒，又是上流阶层出身的洛克来说，私有财产是绝对不能放弃的重要的政治和社会基础。
我在《政府论》中明确阐述了我的这种思想。
大家听说过“新自由主义”吗？
新自由主义
所谓“新自由主义”，指的不是新的自由主义，而是要回到原来的自由主义。
吁
而原来的自由主义，代表人物就是我啦。
也可以说，新自由主义强调了私有财产的重要性，
噌
想抢走我的财产，现在就让你看看什么叫作正当防卫。

并且主张自由竞争和财富不平等的正当性。

> 如果你们更努力地工作，就可以挣到比现在更多的钱。

洛克认为，私有财产如同生命一样重要。

清教徒和上流阶层这样的政治经济地位，让洛克对私有财产产生了这样的想法。

> 在《政府论》中，经常可以看到我的这种思想。

进入大学以后，除了自己的专业，洛克更感兴趣的是医学和科学。

> 这里好像更好玩。

他热衷于和发现了著名的"波义耳定律"的罗伯特·波义耳一起做实验。

> 以后我们俩会不会都变得很有名啊？

他还跟随当时的名医托马斯·塞登海姆学习医学，并拿到了从医资格证。

> 我就是英国的希波克拉底。

据说洛克从小就患有脊髓灰质炎（俗称小儿麻痹症），所以他对医学感兴趣可能也是缘于此吧。

> 我也能成为医生吗？

最后，这份从医资格证将我推上了英国政治的中心，这真的是一个很有趣的偶然！

第2章　洛克是个什么样的人

1666年夏天，洛克在一个疗养温泉遇到了一位伯爵。
咕嘟
咕嘟
伯爵一见到洛克，就对他大有好感。
我是被洛克的学识和口才吸引的。
如果有来生，我肯定能成为著名主持人。
伯爵请洛克当自己的家庭医生。
啊——
嗓子里卡了一根鱼刺。
在那期间，伯爵患上了严重的肝炎，而洛克则依靠自己的医术将其治愈。
你是我的救命恩人呀！
呼啦
喀喀……
而这位伯爵就是支持洛克政治主张的莎夫茨伯里伯爵。
莎夫茨伯里伯爵是当时英国政界的重要人物。
我是辉格党的创立者和领袖。
辉格党，指的是英国反对君权神授论主张的政治派别。
我们辉格党的领袖虽然是贵族，但是支持者大多是商人和非国教徒。
所以反对君主专制的情绪非常强烈。
前面曾经说过，围绕着詹姆斯二世继承王位的问题，当时的政治家分成了两派。
啊
啊

支持君权神授论的一派被称作托利党，反对的一派则称作辉格党。

简直不堪入目……

辉格一词的原意是"马贼"，也有说是指"好斗的苏格兰长老会派教徒"。

托利一词则来源于爱尔兰语，意思是"不法之徒"。

起这样的名称，有着相互嘲讽的意思。

太幼稚了吧？

托利党和辉格党成为英国两大政党制度的起源。

后来，托利党就成了保守党，而辉格党则成了自由党。

无论怎样，与莎夫茨伯里伯爵的相识给洛克的一生带来了巨大的变化。

伯爵是自由主义政治家，他认为，如果想让国家经济繁荣，就必须肯定宗教的多样性。

与他国的贸易跟英国的繁荣有着密切的关系，为此，必须接受不同的宗教信仰。

这种影响使洛克的人生态度发生了全面改变。

从保守主义者变身为自由主义者！

果然是我的朋友……

与莎夫茨伯里伯爵相识以后，除了政治倾向，在精神方面，洛克也受到了很大影响。

我来向你们介绍我的家庭医生，也是政治伙伴，洛克。

叽叽咕咕

伯爵最喜欢和大家在一起讨论各种问题。

全都是因为有伯爵，天生内向谨慎的我才能认识那么多人。

第2章　洛克是个什么样的人

在这个过程中，洛克最关注的还是宗教和道德问题。

当时，英国是宗教改革的中心地带，经常会因为谁来继承王位这样的问题而发生纠纷。

> 他们在干什么？

而对这个问题的深入思考，也给洛克带来了思想上的变化。

> 最终我变成了一个经验论者。

洛克认为，存在的各种矛盾全都是来自专制统治。

> 问题就在于专制！

当时人们对于任何问题，不是去验证，而是用"从神那里继承而来"，

> 王权是神赐予我的，你们必须服从我。

或者"《圣经》中就是那样记载的"这种方式来解答，这让洛克感到非常不满。

> 这里不是都有记载吗？还有必要再解释吗？

洛克认为，对于任何问题，都不能只靠经验解决，而应该去验证。

> 我一直都对自然科学很感兴趣。

洛克的一生虽然运气很好，但也同样经历了考验。

> 都被发现了？

莎夫茨伯里伯爵因为反对詹姆斯二世即位而想要发动政变，但是计划败露。

> 所以我只得和伯爵一起逃亡到荷兰。

> 这是1683年的事情。

洛克的政府论

荷兰是宗教和政治自由的国家。

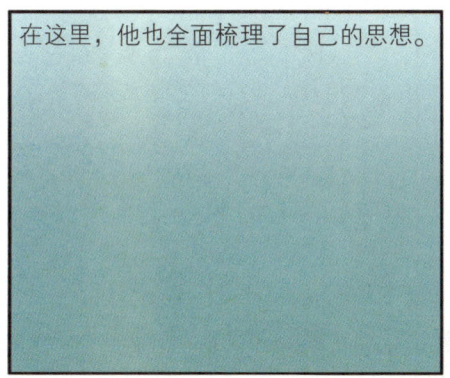

没办法，国土面积这么小的国家，如果想生存下去，就要通过贸易来发展经济……

我们不能被宗教和政治所束缚……

在荷兰，洛克可以自由地进行思想交流，亲身体验到当时欧洲的变化。

在这里，我完成了《人类理解论》《论宗教宽容》等书的写作。

这个时期，洛克结交了很多学者。

在这里，他也全面梳理了自己的思想。

大家听说过朝鲜王朝后期的大哲学家丁若镛吗？

丁若镛在流放过程中用500多卷书记录下了自己的思想。

同样，在荷兰流亡5年多的洛克也系统地整理了自己的思想。

也算是因祸得福吧。

所以，洛克的著作大部分是在流亡时期出版的。关于这个问题，还有这样的解释。

第2章　洛克是个什么样的人

因为在当时的英国，洛克的思想被认为是非常危险的，所以不少著作虽然已经写完，但必须推迟出版。

万一被禁止出售怎么办？

是啊，说不定还会进监狱……

《政府论》其实是在光荣革命之前就创作完成了，但在很久以后才得以出版。

现在出版这本书吧。

在荷兰，洛克可以自由地写作，自由地进行各种思想交流，

嗯，花真香啊。

但随着詹姆斯二世的下台，洛克还是返回了英国。

这一事件就是著名的光荣革命。

就像前面曾说过的，本来就反对王位继承的辉格党，组织深受詹姆斯二世暴政折磨的英国民众发起了抵抗。

我们再也忍受不了啦！

詹姆斯二世滚出去！

詹姆斯二世 OUT！

你们竟敢……

就连原来支持詹姆斯二世的托利党也离开了他，

怎么连你们也这样？

人们向荷兰的威廉公爵请求支援。

请来当我们的国王吧。

嗯！

最后，威廉公爵接受了英国民众的邀请，率领军队进攻英国。

感到威胁的詹姆斯二世逃往了法国。于是，一个新的朝代建立了，而且没流一滴血。

所以这次革命被称作"光荣革命"。

52　洛克的政府论

这时候，洛克跟随威廉公爵回到了英国。

终于又踏上了这片熟悉的土地……

呱呱 噗

最后，他还被赋予了建立新秩序的重要使命。

虽然我很想谦虚，但是这本《政府论》的确是光荣革命成功的重要契机。

光荣革命发生在1688年，而《政府论》则是在1690年出版的。

哎哟，后来出版的书怎么能影响到先前发生的事件呢？

这部著作虽然没有出版，但它的主张早已影响到了英国，乃至整个欧洲。

你也读过那本书吗？

不就是讲公民权利的吗？

这些主张在当时是非常激进的，所以洛克只能匿名出版。

第一次听说这个名字。

这些内容我们现在看来似乎非常普通，但对当时的人们来说，却极具冲击力。

公民的权利、私有财产权、自由、对不当权力的抵抗权……

洛克回到英国以后，一切都非常顺利。

终于实现了君主立宪制，我在书中提出的主张一件一件都实现了……

君主立宪制，简单说就是虽然有国王，但实际权力由议会掌握。

我虽然是国王，但不执政！

与大部分革命家都没能看到自己的主张取得胜利不同，

如果再多活些年，我就能看到……

卡尔·马克思

洛克全程看到了自己所倡导的革命是如何取得胜利的，而且，之后他又活了很多年才去世。

约翰·洛克
1632.8.29 ——
1704.10.28

第2章　洛克是个什么样的人　53

光荣革命成功以后，洛克担任了一些高级职务，之后就去安度晚年了。
同时，洛克的大部分著作也都在这个时期出版了。
基督教的合理性
人类理解论
教育漫话
但是，就像前面说过的那样，洛克的大部分书都是匿名出版的。
呃呃
唉！真是头疼，每次都要想一个新名字。
因为书中很多内容，当时在人们中间都会引起争议。
我不同意这个人的说法。
勃然大怒
我完全赞成！
政府论
政府论
如果用真名出版，那我的晚年就别想清净了……
虽然洛克运气不错，但是有些事却不是光有好运气就行的。
哎呀，什么东西？
呃呃
他一生没有结婚，爱情运显然不太好。
他真的没有女朋友吗？
即使用现在的眼光看，当时的洛克也算是一个英俊青年，所以身边并不缺乏女性的青睐。
这个角度是不是更帅些？
没有人知道具体的原因，反正不管怎样，洛克终身未婚，晚年一直住在好友玛莎姆夫人家。他是坐在摇椅上安详离世的。

说到这里,我们可以看出,洛克是最先体验到巨大社会变革的人。

我将最先迎接暴风雨。

轰隆隆

他不断努力去实践自己的思想,并将这些思想传递给其他人。

所以我们才能生活在现在这样的自由世界里。

关于为什么将我们现在生活的时代称为"洛克的时代",后面我们还会进行详细的说明,

很厉害是不是?

呼呼

约翰·洛克

在以《政府论》为代表的洛克的诸多著作中,大多会提及我们现代人所享受到的政治自由。

我的幸运就是赶上了这样的时代变化。

如果出生得太早,可能就会像伽利略那样不被人理解。

勃然大怒

说地球在转的人就是你吧?

而洛克的人生则与时代的变化完全同步,

咯吱吱

他亲身体验到了自己的理论的实践与实现,度过了一个备受世人尊敬的人生。

这个幸运的男人拥有被众人羡慕的人生,有几个革命家能有这样的幸运呢?

对于洛克之死,一直被认为是他情人的玛莎姆夫人是这样说的:

他的死,就像他的人生一样虔诚,而且自然安详。

第2章　洛克是个什么样的人　　55

辉格党和托利党

英国国王詹姆斯二世

托利党和辉格党是1679年在对约克公爵（也就是后来的英国国王詹姆斯二世）是否有权继承王位的激烈争论过程中出现的政治名词。本来，"托利"一词来源于爱尔兰语，是"不法之徒"的意思，而"辉格"则是苏格兰语中"马贼"的意思。这两个词本来是在围绕王位继承问题进行争论时双方互相诋毁的辱骂用语，后来却演变成党派的名称，想来真是有些可笑的一件事。

托利党是指支持君权神授论的一派。他们以菲尔麦爵士主张的"君权神授"思想为理论基础，支持约克公爵继承王位。而站在对立面的辉格党，则是以莎夫茨伯里伯爵为核心的反对派，他们以洛克《政府论》的思想理论为基础，主张强化议会的权力。

关于约克公爵继承王位的争论，最后以托利党的胜利而告终，辉格党人则大部分流亡海外。

洛克也是在这个时期逃到了荷兰。登上王位的詹姆斯二世因实行暴政而失去了民众和贵族的信任，最后，连曾经支持他的托利党一派也离他而去。1688

年，发生了旨在推翻詹姆斯二世统治的光荣革命。在这个过程中，托利党和辉格党联合了起来。光荣革命之后，英国议会开启了辉格党的时代。

辉格党以洛克的《政府论》作为理论基础，使得公民的自由权、私有财产权、对不当权力的抵抗权等理念植根于民众心中，为英国政治带来了重要的变化。而托利党的势力则逐渐减弱。传统的托利党得到英国的上层国教徒和地主贵族的支持，而辉格党则得到了富裕的中产阶层的支持。正是因为存在着这种支持势力的区别，随着时代的变迁，中产阶层逐渐占据了社会的中心位置，也加速了托利党的衰败。

托利党和辉格党的出现是英国政治权力分化成两派的重要契机，也成了英国式议会制的原动力。进入近代以后，托利党演变为"保守党"，辉格党则演变为"自由党"。

莎夫茨伯里伯爵（1621—1683）。可以说，洛克的伟大成就离不开莎夫茨伯里伯爵的大力支持

第3章 论自然状态

从现在开始，我们要正式学习《政府论》的内容啦。

你说什么？让我解释得通俗些？

别担心，这本书的内容很容易理解的。

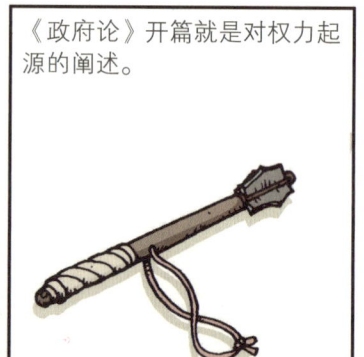

《政府论》开篇就是对权力起源的阐述。

纵观英国历史可以知道，《政府论》创作于英国历史变革最大的时期。

没想到会有这么大的浪！

国王和议会成员之间长久以来的矛盾最终以议会制的胜利而告终，这本书就是在这个时期发挥了重大的作用。

虽然我坐在这里，但我一人说了不算。

从《权利法案》来看，议会的地位要高于国王。

那当然。

洛克的政府论

《政府论》是站在哪一边的呢？
这不是显而易见的事吗？

在前面我们曾经说过，《政府论》是主张议会制的辉格党的理论依据。
滚出去，你们这些君权神授论的追随者！
莎夫茨伯里伯爵
这些家伙竟敢公然……

洛克的《政府论》是一部有着明确目的的著作。
詹姆斯二世
我要把这些书都烧光。
秦始皇
你明白我的心情了吧？
熊熊燃烧

在前面我们曾经提到过菲尔麦爵士，大家还记得吧？
在哪里？哪里出现过？
唰啦

为托利党提供理论支持的人就是菲尔麦爵士。

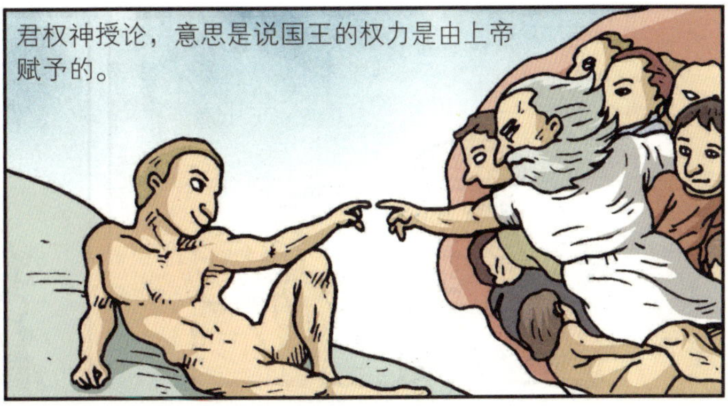
君权神授论，意思是说国王的权力是由上帝赋予的。

菲尔麦爵士就是坚决主张君权神授论的人。
谁也不能夺走上帝赋予国王的权力。

按照这个主张，任何人都不能对国王的权力说三道四。
因为英国国王是亚当的子孙！
那其他国家的国王呢？
嘘！好好听着吧！

君权神授论者认为，国王的权力不是来自人民，也不是来自贵族，

而是从神那里获得的，也因此就成了绝对权力。

国王决定的事情，任何人都不能反对，国王的决定高于法律。

去！和法国开战。

不需要征得议会的同意吗？

菲尔麦爵士认为，"王权"等同于"父权"。

父权，指的是在家庭中父亲所拥有的权力。

不准随便进我的房间，

不能动爸爸的东西，

出门时要听妈妈的话……

这个不让，那个不许，耳朵都要长茧子了。

换句话说，可以认为，国王就是一个国家的父亲。

那么，依据什么提出这样的主张呢？

我要通过《圣经》来证明君权神授论。

按照《圣经》的记载，世间第一个人是亚当。

我是按照神的形象创造出来的第一个人。

那我呢？

亚当和夏娃结合后，就成了第一个父亲。

菲尔麦爵士认为，亚当是第一个人，

创世记

亚当基于上帝的赐予而成为万物的共同主人……

60　洛克的政府论

第一个父亲，也是第一个国王。
更进一步说，亚当的后人就是英国国王。
因此可以说，国王的权力是上帝赋予的。
洛克在《政府论》的上篇和下篇的第一章中，用嘲讽的口吻批判了君权神授论。
嗒嗒
嗒嗒
竟然要把国王称为神？
哼！一派胡言！
他直接否定了菲尔麦爵士关于君权神授论的依据，也就是亚当的父权。
谁在对我的文章大放厥词？
气呼呼
洛克认为，父权和支配国家的权力，在本质上是完全不同的。
所谓父权，指的是家庭中父亲所拥有的权力，你为什么要把它加到国王的头上？
吓一跳
而且他还反驳说，就算亚当拥有那样的权力，那也是不能继承的。
爸爸死后，关于遗产的问题，你要跟妈妈好好商量。
当然应该由我继承，因为我是长子。
洛克认为，就算承认亚当拥有那样的权力，
也没有任何证据能够证明，应该由英国国王来继承这一权力。
唰
噢，我的第××代孙。
太惨了，怎么连衣服都不穿！
那个光着身子的人就是国王的祖先吗？
一点儿都不像啊……
菲尔麦爵士提出了长子继承制，
长子继承制，就是由长子继承父亲留下的一切。

并认为一定有证据能够证明，英国国王就是亚当的直系子孙。
户籍簿上怎么没有你的名字？
78
吭哧
我明明就是他的后人！
关于父权和继承，在后面我们还将做详细的解释。
为了反驳菲尔麦爵士的主张，洛克对自然状态下的人类做了重新解释。
我说的不是这个意思。
这里所说的“自然状态”，指的是政府或者社会形成之前的状态，
在那时国会议员们都做些什么呢？
也就是原始的状态。
也可以说，就是亚当生活的那个时代。
这里是伊甸园。
洛克认为，自然状态下的人是完全自由的，
我也想回到自然状态。
闭嘴！
也是完全平等的。
完全的自由，完全的平等……洛克的这种认识，在当时是一种非常激进的思想。
这个人很可疑……

洛克认为，人类最初是生活在一种无拘无束的自由状态下。
今天晚上吃什么呢？
不想再吃田鼠。
任何人都可以做自己想做的事，拥有自己想要的东西，还可以自由地思考。
噢，打猎成功！
嗒嗒
对于这种状态，大家一定很羡慕吧？
闹闹
哄哄
没错，没错！
我们学校的制度严得要命。
让我们放松一下吧。
随便留自己喜欢的发型，
打游戏，
不上课，嘿嘿……
SBC
那么，现在就让我们坐上时光穿梭机回到过去吧。
向过去出发！
突突突突
但是，洛克所强调的并不仅仅是人的权利。
当然不是那样的。
唰唰
洛克解释说，为了维持这种自由平等的状态，
怎么办？
所有人都必须承担起相互关爱的义务。
我们就是一对相亲相爱的鸳鸯。
洛克依据当时英国著名的神学家理查德·胡克尔的《宗教政治的法律》，做出了以下解释。
理查德·胡克尔

"如果我要求本性与我相同的人们尽可能多地爱我，我便负有一种自然的义务对他们充分地付出相同的爱心。"

简单地说，如果想被别人爱，就要先去爱别人。

如果我对别人付出爱，我当然也可以期待对方的爱，

请嫁给我吧！

但是，如果我攻击别人，那么我也会受到别人的攻击。

洛克并不认为，自然状态就是无政府的混乱状态，

无政府状态就是这样吗？

而应该是一种在理性支配下的自由和平等的状态。

洛克的这种思想与他的宗教态度有着密切的关联。

洛克信奉新教，他认为，在新教的信仰基础上，人类拥有自由和平等的权利，

洛克的政府论

而这种权利正是造物主赐予人类的礼物。

我们都是自由和平等的!

真的吗?

快点儿把那个苹果吃了!

因此,完全没有理由去屈服于别人,或者让别人来支配。

你敢不服从?

人类应该遵从自然的理性,

现在,再加上"理性"就完成了!

相互关爱、自由平等地生活。

人人生而平等,所以无须接受任何人的支配或统治。

我们把这种思想称作"天赋人权"。

我们所有人都是被平等地创造出来的……

在美国《独立宣言》中也可以看到这样的思想。

也就是说,人类的权利是与生俱来的,不受任何人的束缚。

当时的欧洲,实行的是绝对的君主制,

第3章 论自然状态

在那样一个身份等级制度森严的社会中，洛克的这种思想是非常危险的。

为什么总有一种被监视的感觉？

所以，在最初出版《政府论》的时候，他没有用自己真实的姓名。

作者是谁？

不知道呀！

前面曾经说过，洛克非常崇尚理性，

所谓自然状态，就是由理性支配的自由平等的状态。

他认为，在自然状态下，人们应该相互爱护。

快打119！

先要确认里面还有没有人。

而且，对于自己的生命和财产，

什么，你说最近进口了油炸蟑螂？

人们也有拒绝他人侵犯的权利，并且这种权利应该得到保障。

让他一个人吃吧！

反对进口

他认为，人类既然是造物主为了实现自己的意愿而创造出来的作品，

那边的眼睛好像有点儿大。

那么，对于生命和财产，人类彼此之间不能相互侵犯，除了造物主本身。

还要不要做手术呢……

甚至，连自己的生命也不能任意而为。

不可以自杀！

我只是捡回掉进水里的钱包。

66　洛克的政府论

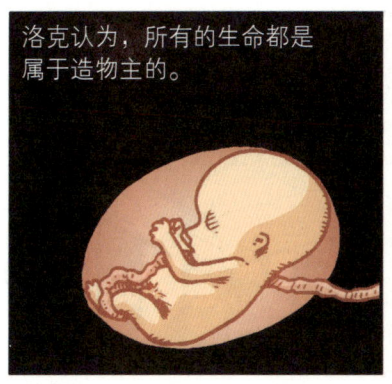

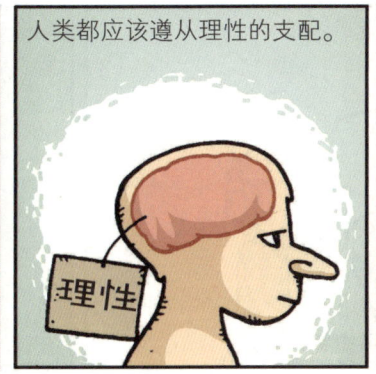

洛克认为，所有的生命都是属于造物主的。

人类都应该遵从理性的支配。

他解释说，理性就是自然法。

真正的法律就是渗透到所有人内心的正确的理性。

西塞罗

现在就让我们来了解一下自然法。

不是指自然保护法！

我们现在所通行的法律，准确地说，应该叫作成文法。

成文法

除个别情况外，大多数国家都是采用成文法。

英国不是成文法国家，而是不成文法国家。

成文法，是指用文字表达并印刷出来的法律。

世界上现存最早的成文法是《汉谟拉比法典》。

法律的内容在约定之后表述为固定的条文，以防出现随意解释或者歪曲法律的情况。

我们按照这里的条款来判决……

能不能通融一下？

相反，自然法并没有被表述为法律条文。

所以很难具有强制性！

但是，洛克认为，自然法要比成文法更加明确，

现行的法律通常会因民族、国家的不同，在内容上会有所差别，但是，自然法却超越了民族、国家、时代，具有永久不变的普遍有效性。

第3章　论自然状态

67

人类的理性可以准确地理解和执行自然法。

更进一步说，所有的法律都应以自然法为基础来制定。

盗窃罪在第几页来着？

你要找到什么时候？他偷了我两万英镑，还不赶快把他关进监狱！

洛克所描绘的这种自然状态，就如同天堂一般。

那是一个具有理性的人们自由自在生活的地方。

如果人类能够相互关爱，相互维护对方的生命和财产，

噢，哥哥？

那么，人类的矛盾和争斗就会消失。

原来是哥哥每天夜里给我们家送米。

没什么。

很多人可能会对是否存在这样的自然状态而心存疑问，对此，洛克并没有给出详细的说明。

什么？历史上人类真的曾经有过这样的自然状态吗？

对于那些没有预料到，或者是难以论证的部分，

啊？这部分又卡住了……

洛克大多都是含糊地跳过去了。

有时候我是不是不太厚道？哈哈……

对于人类的自然状态是否真实存在过，洛克没有直接回答。

喀喀……无论怎样，我要继续说明下一个问题。

但他认为，既然全世界独立政府的君主和统治者都是处在自然状态中，

68　洛克的政府论

那么很明显，无论过去还是未来，世界上就不可能没有处在那种状态中的人。
那还用说……
洛克认为，国家与国家之间出现矛盾和摩擦，
我已经向法国国王下战书了，现在我们要快点儿为战争做准备……
什么？
是因为没有解决国家之间矛盾的仲裁人。
现在不是有联合国了吗？
即使在我们当今生活的时代，洛克的观点也依然适用。
轰
隆
隆
在全世界各个地区，几乎每天都在发生着战争。
哐哐
砰
嗖
怎么回事，没有一天是消停的！
很显然，为了追逐各自的利益，武装争斗越来越频繁。
这个岛是我们的。
嘿
嘿
那些家伙一有机会，就要……
2003年开始的伊拉克战争，
就是一个最好的例子。
嗖
嗖
叭叭叭叭——
向巴格达东南部发起进攻，代号是“伊拉克自由行动”！

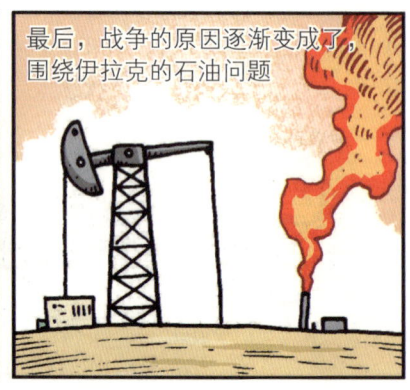

发动战争的美国提出，伊拉克不听从国际社会的和平劝告，	持有大规模杀伤性武器，是一个危险的国家，并阐述了战争的正当性。
	"伊拉克是威胁世界和平的'邪恶轴心国'。"

最后，战争以美国为首的联合国军的胜利告终。	但是，在对整个伊拉克进行搜索之后，
啪啪啪 "除了暑热，没有什么能阻挡我们！"	

并没有发现伊拉克持有大规模杀伤性武器的任何证据。	最后，战争的原因逐渐变成了，围绕伊拉克的石油问题
咬牙切齿 "难道是自己消失了？"	

而展开的国际社会的利益争夺。	其实，就是美国对于石油资源的贪婪而引发的战争。	所以，在美国国内，反对战争的呼声越来越高。
"谁敢保证以后不会发现大规模杀伤性武器呢？"	轰	哇 哇 反对战争！

70　洛克的政府论

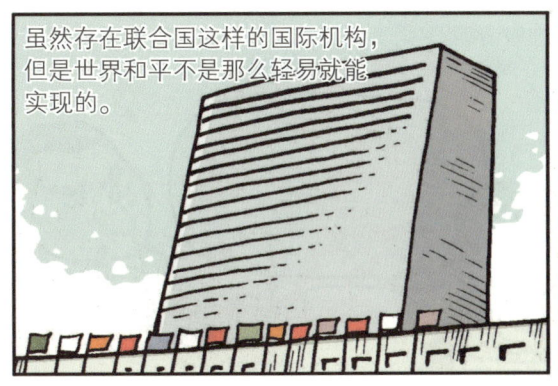

虽然存在联合国这样的国际机构，但是世界和平不是那么轻易就能实现的。

人类战争仍在继续上演，伤亡人数不断增加。

咚咚咚

这就相当于洛克所说的自然状态，

砰 这是我抓住的。 是我先发现的。 砰

所有的国家都只考虑自己的生存问题。

斯巴达

怎么样？看来大家已经接受我关于自然状态的主张了。

不过，尽管人类的确具备理性，

我思，故我在。

勒内·笛卡尔

但还是会出现一些因为贪婪而丧失理性的人。

战争是人类理性的终点。

比利时画家
雷尼·马格里特

如果说人类是造物主的作品，那么应该也会有失败的作品吧。

唉，这个失败了。

咔嚓

太可惜了！

当利欲熏心的人攻击他人，

嗯

石油，美元，石油，美元，石油，美元……

第3章 论自然状态 71

想要掠夺他人的财产时，应该怎么办呢？	谁能保护被害者呢？ 要是能那样就好了……

对于洛克所说的人类的自然状态，可以把它想象成既不存在国家，也不存在政府的原始社会。

这就是那个时候的画面……

土地辽阔，人口稀少，跟现在完全不同。

全村的人都在这里了。

那是一个和平的世界，每个人都可以住在自己喜欢的地方，可以耕地，也可以打猎，

大家和睦相处。

今年又是好收成。

但是，有的地方土地肥沃，有的地方土地贫瘠。

寸草不生啊！

有的地区有很多猎物，有的地区却只能空手而回。

好美慕！

韩国有句俗语，别人的打糕看起来比我的大。

别人的好像总是大一些。

于是，就不可避免地发生冲突。

我也要尝尝野猪肉的味道！

你不能自己去打猎吗？

洛克的政府论

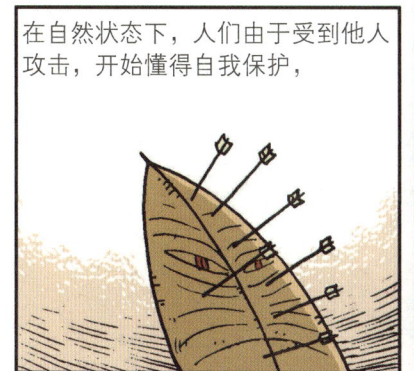

| 每个人都想拥有富饶的土地,而这种欲望就会引起矛盾。 | 于是就出现了有些人被迫离开世代生活的土地的情况。 |

听说在那边发现了金矿。

请离开这里!

可是这是我们祖先留下的土地呀……

这时,生活在自然状态的人们必须自己保护自己的生命和财产,

砰　乌拉拉

不要忘记那里有黄金!

把这些野蛮人赶走!

真不知道谁才是野蛮人。

在自然状态下,人们由于受到他人攻击,开始懂得自我保护,

依照自然法,每个人都有权惩罚违反自然法的犯罪行为。

15年了,每天就只吃饺子……

韩国电影《老男孩》

换句话说,人人享有充当自然法执行人的权利。

现代社会中,是由法官来对违法的人做出判决,

判处有期徒刑8年零6个月。

咚咚

而在自然状态下,每个人自己就是法官,可以审判与自己有关的事件。

基督山伯爵爱德蒙·唐泰斯

这是对我在订婚仪式上逃跑进行的报复。

但是要以理性和公道为基础。

第3章　论自然状态

谁偷了东西，谁就要做出相应的赔偿，

嘿嘿，这是赔你的牛。

你偷的是一头强壮的奶牛，赔给我的却是这么瘦的。

哞..

杀人者就要偿命。

怎么样？这是不是一种单纯又明确的法律？

在自然状态中，惩罚的目的就是赔偿损失，遏制犯罪。

汉谟拉比

以眼还眼。

以牙还牙。

在洛克所描绘的自然状态下，受到伤害的人，

嘿哎哎

呃啊！

咿

有权要求加害自己的人赔偿损失。

赶快拿汽车修理费和医疗费！

另外，所有的人都被赋予了惩处犯罪者的权力。

因为那时并不存在专门惩罚罪犯的法官，

扑棱棱

我只是个传说……

因此人们要共同防止犯罪。

我们组织一个自卫队吧。

74　洛克的政府论

洛克认为，如果人们没有这种权力，自然法就会失去意义。

如果无法约束罪犯，不就等同于没有法律了吗？

洛克所说的自然状态，只是没有政府，而不是没有法律。

那么，如果人类按照自然法去生活，就不会有任何问题了吗？

是……是吗？

也不会对犯罪者有过度惩罚吗？

你偷了我的皮鞋，我要让你一辈子都光着脚！

太过分了！

关于这一点，洛克是这样说的。

当然，我很明白大家所担心的事情……

如果在处置与自己有关的事件中，人们可以自行担任法官，

变身法官！

那就很有可能会因报复心或私心而进行过度惩罚，这是令人非常担忧的事情。

说我们家孩子太吵闹，就把我家房子烧掉了……

人们在裁决与自己有关的案件时，很可能会向对自己有利的方面倾斜，

吱吱

裁决与自己的亲戚或朋友有关的案件时，往往也会那样。

是爸爸把我储蓄罐里的钱都拿走了吗？

哦，对……对不起。

第3章 论自然状态 75

洛克的政府论

对自己的生命和财产拥有自主权力的状态。

我的宝贝……

那是一个无须受任何人支配的人人平等的社会，

那国王们该去支配谁呢？

而且，每个人都有权利成为自然法的执行人，这就是洛克所说的自然状态。

大家穿的衣服都一样？

嘿嘿

怎么样？这样的世界很好吧？

你是不是怀疑，人类社会真的能那么和平吗？

就像我们曾经在前面指出过的一样，人类都是有着贪婪之心的。

啊，那是什么？

金灿灿

正是因为有这种贪欲，

你这个家伙，凭什么只有你家能长出那样的葫芦？

很可能会出现攻击他人，或是过度惩罚他人的事情。

就是因为没干完活儿，就要受到这样的惩罚……

梦龙……你快回来吧……

抽泣

洛克将这样的状态称为"战争状态"。

他解释道，正是因为这个原因，才要建立社会，建立政府。

好了，接下来让我们看看什么是"战争状态"吧。

第3章　论自然状态

成文法与不成文法

现存最早的成文法《汉谟拉比法典》

《汉谟拉比法典》是现存成文法中历史最悠久，也是与现在的法律体系最相似的一部法典。《汉谟拉比法典》是古巴比伦人留下的伟大的文化遗产。那么，到底什么是成文法呢？

顾名思义，成文法就是用文字定型化的法律。我们所熟悉的宪法、法律、规定、条例等，全都属于成文法。现在，大部分国家都是使用成文法作为法律基础。

不成文法，是在成文法产生之前就已经存在的一种法律形式。它依据的是风俗或习惯，其特点是按照统治者的意愿去执行法律。著名的"所罗门的审判"就属于这种情况。不成文法主要依靠贤明的统治者或裁判官的判断，大多服从于风俗习惯。在国家出现之前，就已有法律来维持整个社会的运行，而不成文法就是占据这一重要位置的法律形式。

我们举个简单的例子。"违反交通规则就要缴纳罚款"，这就是典型的成文法。相反，"韩国的首都是首尔"，虽然没有在宪法中明示，但却是历经岁月，已经扎根于韩国民众的心中，是不成文法。

成文法出现以后，与之前的不成文法相比，大部分国家都更重视成文法。将这两者进行对比之后，就可以知道为什么会这样了。成文法提出了明确的法律条文，可以贯穿一致地加以执行，无论何时何地，都可以产生预想中的结果，所以能够获得普通民众的信任。成文法也有缺点，它难以全面地应对社会中发生的各种各样的状况，难以随着时代的变化实时做出反应。而不成文法的特点就是可以及时地做出应对，轻松地适应时代的变化。不过，不成文法的稳定性不足，即使在同一国家，也可能会出现不同的法律裁判，在公正性方面存在一定的问题。所以，在以成文法为基础，成文法和不成文法相互补充的现代社会中，不成文法也有其存在的价值。

《查士丁尼皇帝及其随从官员》镶嵌画

学习法律时经常会看到"大陆法系"和"英美法系"这两个名词，这也与成文法和不成文法有着密切的关联。大陆法系主要指的是以德国为代表的法律形式，德国人推崇的是明确肯定的成文法。英国人和美国人则更喜欢不成文法，美国现在依然还保留着陪审员制度。当然，成文法在美国的地位也变得越来越重要，这是因为人们越来越重视法律的统一性和稳定性。

法律担负着守护国民安全与幸福的重任。成文法与不成文法的区别就在于，是否将法律付之于文字。无论是写成文书，还是作为一种习惯，最重要的是要依法治国。只有这样，人们才能拥有稳定的社会生活。

第4章 论战争状态

学习历史时我们会发现，人类历史上曾经发生过无数次战争。

哇啊！

比如前面我们提到过玫瑰战争、百年战争，等等。

我要当国王！

什么？我才是国王！

战争可以说是人类的利欲之心最强烈爆发的状态。

战争还会引发很多变化。

不管是对社会，还是对个人来说……

洛克的政府论

从英国议会民主制的发展过程中,也可以了解战争的影响。

前面提到过的玫瑰战争,就可以从英法百年战争的后遗症中找到起因。

简单地说,玫瑰战争就是由于百年战争的恶果必须要有人来承担,而在这个过程中,贵族们为了生存下来而发动的战争。

玫瑰战争的焦点集中在兰开斯特和约克两个家族身上。

兰开斯特家族　约克家族

关于这场战争,其实就是贵族间为了生存而进行的一场权力斗争。

只有约克家族才具备当国王的资格。

一派胡言!

好好商量嘛。刚刚跟法国打完仗,你们怎么又打!

战争通常都是以你死我活的状态作为基础的。

啪

因为生存是最实在的问题,所以这是一种无法期待任何温情的状态。

吼

想尝尝陷入困境的滋味吗?

喵呜——

洛克所说的战争状态指的就是这种情况。

砰　砰　砰

第4章　论战争状态

81

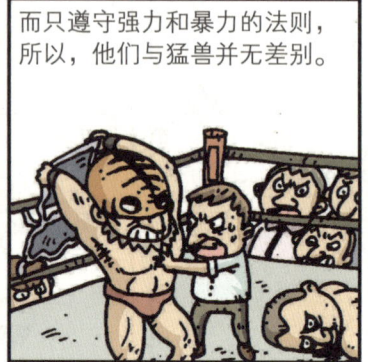

洛克在《政府论》中，对战争状态做了这样的定义。

战争状态

一个人可以毁灭向他宣战的人

噢噢噢——

或对自己的生命怀有敌意的人，就像可以杀死威胁到自己的豺狼或狮子一样。

因为这种人没有遵守共同的理性法则，

而只遵守强力和暴力的法则，所以，他们与猛兽并无差别。

我是说，这种人是危险的，而且是有害的……

当受到怀有这种企图的人攻击时，就是"战争状态"。

老实点儿！

战争状态指的是一种敌对的和毁灭的状态。

它是指人们在冷静的精神状态下向对方宣战，而不是一时的意气用事。

敌国向我们宣战了。

说是明天一早进攻我们。

唉，今天别想睡觉了。

我们将洛克对战争状态的论述与托马斯·霍布斯的思想加以比较，就可以更准确地去理解了。

大家好！我是霍布斯。我与洛克不同，我认为应该放弃自然权利，实行君主专制。君主专制是最理想的国家形态。

洛克的政府论

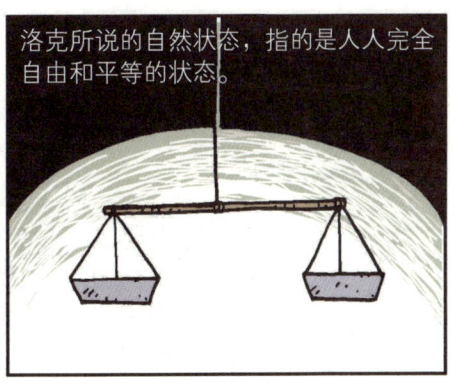

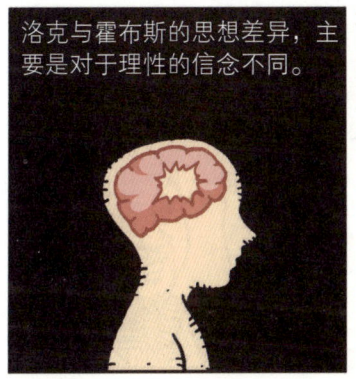

对于自然状态的理解，霍布斯和我是截然不同的。

霍布斯在其1651年出版的《利维坦》中，

提出"自然状态"是"所有人反对所有人的战争"状态。

硬刺直竖

不管谁碰到我，我都会毫不留情地刺他。

啊

人类的自然状态，就是无秩序和混乱的状态。

这就像我所说的战争状态。

但是，我认为战争状态和自然状态是不一样的。

洛克所说的自然状态，指的是人人完全自由和平等的状态。

洛克与霍布斯的思想差异，主要是对于理性的信念不同。

霍布斯支持的是性恶论，洛克则支持性善论。

好，两位选手向前。

性善论主张人类的本性是善良的。

快看这个孩子，就像个小天使一样。

认为人即使不经过学习，也能够对是非做出判断。

现在这些钱是你的了。

如果在路上捡到钱包，应该归还失主。

性善论坚信，人生来就具有理性。

因为做善事是人类的本性。

第4章　论战争状态

法国浪漫主义哲学家让-雅克·卢梭也和洛克一样，支持性善论。

即使成年人不去纠正小孩子，他们也会按照善良、诚实、博爱、仁慈的自然本性成长起来。

在东方，孟子是主张性善论的代表人物。

我出生于春秋战国时期的鲁国，我主张仁政……

相比之下，性恶论认为，人在出生的时候如同一张白纸，

只具有与动物相同的本能。

为了控制这种本能，也就是欲望，后天就需要接受教育。

通过教育，人类可以获得正确的行为和判断能力。

亚当和夏娃吃下禁果，于是人类从一出生就有着罪恶和冲动的本性。

在东方，荀子是主张性恶论的代表人物。

我是战国末期的思想家。我认为，人应该通过道德礼仪来被教化。

洛克相信人具有理性，也就是说他主张性善论，所以他认为，自然状态下的人类是按照理性去行动的。

我觉得，人类的理性就是自然法。

在洛克看来，人类都是具有理性的动物。

啊啊啊——

我……我们理性地谈谈吧。

洛克的政府论

第4章 论战争状态

也可以向过路的人求救，
嘿嘿
救救我！
??
如果这些办法都不行，就要努力通过自己的力量去战胜对方。
既然没人帮忙，那我就自己来吧……
嘈嘐
想反抗？
一旦确定有人要攻击自己，必须要先阻止他。
虽然有法院和警察局，但如果失去了生命，这些救援都将没有意义。
看来我们来晚了。
因为有些情况下，根本没有时间去求救。
警察局
警察距离
你只有3分钟
洛克认为，生命丢失了，就无法补偿，
×××之墓
所以每个人都有防御的权利，以便提前预防这种情况的发生。
你这个小偷！胆敢走进我的房子，就别怪我不客气！
嘎吱
这就是洛克主张的自然法思想。
所以在美国，个人持有枪支是合法的。
按照自然法，我可以享有对攻击我的人的裁判权。
法
咚咚
如果拿走了我的东西，必须要做出相应补偿，
有贼！

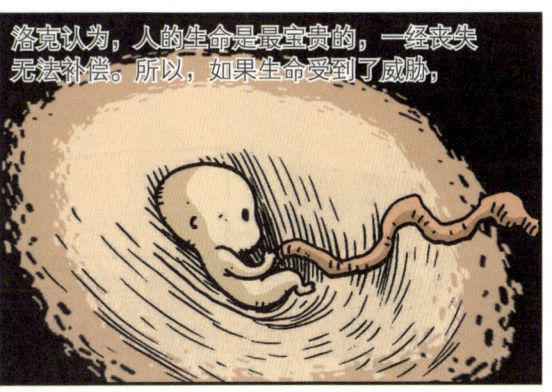

| 如果伤害了我，就必须付出同样的代价。 | 大家听说过《汉谟拉比法典》吧？ | 它是人类现存最早的一部成文法，由于提出了同等报复而闻名。 |

我一定不会放过那个家伙……

以眼还眼，以牙还牙。

| 洛克的思想也与之类似。 | | 洛克认为，人的生命是最宝贵的，一经丧失无法补偿。所以，如果生命受到了威胁， |

你是正当防卫，所以无罪释放。

如果对方明确想要杀死我，那么我甚至可以先夺取对方的生命。

| 其他一切就都失去了意义。 | 不仅是威胁到生命，就连对方想要剥夺你自由的权利，也要特别警惕。 | 他认为，自然状态下的人所拥有的最重要的权利就是自由。 |

还用说！

没有囚犯当然很好……

| 洛克主张，人的自由，就是不受任何上级权力的约束， | 也不处在人们的意志或立法权之下，只以自然法为准则， | 可以自行决定自己的一切事情。 |

只有自然法！

嗯……今天吃点儿什么呢？

第4章　论战争状态

如果一个人的自由被他人剥夺， 牙齿牢固、身体强壮的奴隶，便宜卖了！	这个人的生命就会随时受到威胁。 现在你的命就是我的了。
因此，自由和生命一样宝贵。而战争状态就是由想要用强力剥夺他人自由的人导致的。 不自由，毋宁死！	比如，假设我现在处于失去自由的状态。
有人剥夺了我的基本权利，我只能服从他的意志，这时候会怎么样呢？ 怎么样？现在是不是可以忘了李梦龙，好好听我的话了？ 不要！	大家或许听说过"马路大"这个词。 "马路大"的原意是指原木材料。
日本曾把韩国作为殖民地，在这期间，日军进行过人的活体解剖实验。	当时，他们将实验的对象称为"马路大"。	日本人对他们进行了非常残忍的实验。

洛克的政府论

日本人在活人身上注射危险的致病菌，然后观察他们能存活几天，

甚至还残酷地进行一颗子弹能射穿几个人的试验。

这些人之所以被迫接受这样的实验，是因为他们被剥夺了自由。

所以洛克认为，人们不能接受绝对权力。

上帝选择了我，我所说的话就是法律，就是真理……

太可笑了！

烦死了。

洛克认为，绝对权力存在着一定的危险性，随时都可能扼杀人的自由意志，

或者使用强力强迫人去做一些与个人意志相反的行为。

这些疯马想要往哪儿跑？

前面是悬崖！

掌握绝对权力的人也同样是人，所以不可能是完美无缺的，

呃，便秘了。

也会受个人私欲的支配。

罗马着火啦！

但是，人们在战争状态下还能做出理性的裁判吗？

第4章　论战争状态

对于攻击自己的人，不带任何感情地做出裁决，其实并不容易。

所以洛克认为，并不是所有人都可以做出公正的裁决。

一方面会有攻击别人的人，

嘿嘿，插个队！

愤怒

而另一方面，也会有过度保护自己的人。

以后还插队吗？

这也太过分了吧……

啪啪

简单地说，人都是有欲望的，也都会有自私的时候，

嘿嘿

这是我先拿到的。

胡说！明明是我先拿的。

别挤！

大甩卖 80%

所以就可能会对侵犯自己的人要求过多的赔偿，

你们弄脏了我的裤子，要赔偿我……

啊！

或者给予过度苛刻的处罚。

这样就会让加害者心存不满，很容易使他们产生报复心理，而不是去检讨自己的错误行为。

如果这样的恶性循环持续下去，那么，战争状态就不会结束，

洛克的政府论

人类社会就会变成霍布斯所描述的那种斗争状态。	在自然状态中，这种情况下只有攻击者和受害者，
人对人是狼。	外婆的嘴为什么那么大？ 当然是为了吃你。

| 所以不会做出公正的裁决。 | 这时就只剩下一种办法，就是向上帝控诉。 | 这样一来，自然状态就更加难以维持。 |

本来应该是在人类理性的基础上，遵守相互之间的自由与平等，	但是，一旦变成相互攻击与报复的状态，就与动物没有区别了。
	呜呜呜 人与动物有什么不一样的？

| 洛克认为，正是由于这个原因，人们才从自然状态中脱离出来，构成了社会。 | 人们想通过推选某个人成为掌权人， | 然后受到这个人的保护，这样才建立了社会。 |

第4章　论战争状态

为了避免这种战争状态，人们才自愿建立了社会，摆脱了自然状态。
因为掌握了权力的统治者，
可以遏制战争状态的持续，用权力去解决纷争。
UN
当然，在自然状态下享受着完全的自由与平等的人们，
耶！
嘟嘟
呜呜
从这时开始明白，自己必须服从某些人的管理，自己的权利也将会受到限制。
你超速了，这是罚单。
这么多！
而换来的好处则是，自己的生命、财产以及自由将获得保护。
禁止停车
外部车辆禁停
——主人宣
而建立社会的目的就在于此。
如果攻击者和受害者都能接受掌握权力者所做出的判决，那么战争状态就结束了。
被告要在一个月内赔偿原告的所有损失。
是！
咚
建立社会以后，自然状态下的一部分权利被转让出去，
POLICE
但是洛克依然认为，所有人除非自己同意，否则都应该享有与自然状态下相同的权利。
人们是为了保障自己的生命、财产和自由才去建立安全措施，而不是为了把自己的一切都交付给别人。

建立社会以后，当出现前面所说的战争状态时，
嘎吱吱——哐
啊！
也就是有人想要攻击你，或是剥夺你的权利的时候，
呼呼
你是怎么开车的？
你还敢来问我！
呲~
就可以期待公正的裁决了。
哼！我马上找警察来。
谁怕谁呀？
现在，每个人不必再由一己之力去保护自己的生命、财产和自由。
好的，我们会认真调查、公平处理。
而问题是，获得了我们转让的权利的人是否能够采取公正的裁决。
哦，是你？
舅舅！
啊，这还能公平吗？
有一个重要的事实就是，虽然人们构建了社会，将权利转让了，但是这种权利必须是一种受到限制的权利。
洛克认为，如果权利不受限制，那么将会比自然状态还要危险。
哼！
为什么这种场合总是让我出场呢？
因为在自然状态下，所有的个人都是平等和自由的，
即使转变为战争状态，也是一对一的斗争或者以小集团作为斗争对象，
哐~

但构成社会以后，就会产生一个权力集团，从人们那里获得转让的权利。

与自然状态下的人相比，权力集团拥有更强大的力量。

在这种力量的基础上，就有可能会侵犯到个人的生命、财产和自由。

这样一来，就又重新回到了战争状态。

我们要求得到言论自由！

那个家伙就是主谋！

这个时候，个人的力量是微乎其微的。

只要有人反对他，就会被抓起来。

完全就是个独裁者。

由于力量差异过于悬殊，所以只能是这样的结果。

要求增加养老金！

就对付这么几个老人，需要我们全体出动吗？

在这种状态下，个人最初建立社会的目的已经消失了，

国民缴纳税款养活的军队，竟然反过来攻击国民……

所以又重新回到了自然状态。

那种状态虽然所有的人都是自由平等的，但内心会充满不安。

洛克认为，为了防止这种情况发生，最初转让权利时就应该是临时性的，

不要忘记，这把刀和盾牌都是暂时借给你的。

94　洛克的政府论

而且权力只能在维护人们的生命、财产与自由的时候才能使用。
嘚嘚嘚
嗞嗞
总之就是要警惕出现绝对权力。
洛克想要说的就是，人类不允许任何人拥有绝对权力。
我认为，根本就不应该存在那种绝对权力。
啪
对于洛克这个坚定的教徒来说，持这种想法是理所当然的。
圣经
因为人是不能将神所赋予的权利转让给他人的。
那是当然，这种权利是与生俱来的。
换句话说，被转让的权利只有在维护人们的安全与幸福的时候才能使用。
这既是构成社会的重要原因，也有可能是让社会解体的最重要原因。
如果有人想要剥夺你的自由、生命及财产，那么就可以认为战争状态开始了。
轰隆隆
洛克通过对战争状态的解释，反复强调了这样一个问题，那就是在任何情况下，我们所拥有的宝贵权利都不能被剥夺。

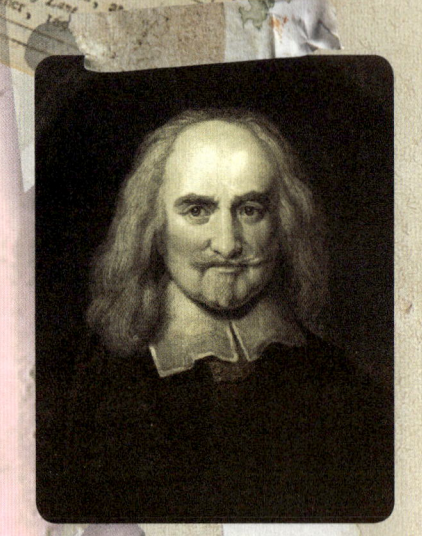

托马斯·霍布斯

托马斯·霍布斯

托马斯·霍布斯（Thomas Hobbes, 1588—1679）是英国的政治家、哲学家。他是一个早产儿，据说因为他的母亲听说西班牙无敌舰队要入侵英国受到惊吓而早产。霍布斯认为，这与他生性懦弱是有关系的，他曾说过，"我和恐惧是一对孪生兄弟"。霍布斯是一位笔锋锐利的作家，也是一位卓尔不群的思想家。霍布斯生活的时代正值英国清教徒革命时期，他经历了十分严重的政治动荡，这对他的思想产生了极大的影响。

霍布斯深受弗朗西斯·培根的影响，坚持唯物论和机械论的世界观，是一位为了解决时代矛盾而进行深入思考的哲学家。17世纪的英国社会处于极度的混乱之中，对于这样的政治形势，霍布斯认为是一种"一切人对一切人的战争"，这也让他被后人肯定为"自然法思想"的创始人。

霍布斯认为，在建立国家之前，人类处于一种自然状态，在自然状态下，人类有着自私和暴力的本性。由于人们拥有类似的欲求，所以必然会发生冲突。在这种状态下，人们无法保证自己的安全，所以就需要一个拥有更强大力量的第三者，而这就是国家。

当时，人们普遍都是从上帝那里寻找国家的起源。但是，霍布斯却认为，国家是依靠"个人与个人的契约"诞生的，这样就将"国家"这种存在从神的领域拉到了人的领域。他将国家称为"利维坦"。利维坦是《圣经·旧约》中记载的一种长生不死的怪物。之所以用它来形容国家，是因为霍布斯认为，要想给混乱中的英国带来和平与繁荣，就要限制教会的权力，将绝对权力赋予国王，这样才能让国家得以稳定与发展。霍布斯认为，最重要的是国家拥有强大的力量，这样才可以保障个人的安全。因此，必须要赋予统治国家的国王以绝对的权力。

现藏于大英图书馆的《利维坦》卷首图

正是因为持有这种独特的思想，霍布斯同时受到了保守主义者和自由主义者的两面责难。霍布斯的绝对统治权思想被认为是对"绝对君主论"的响应，但是他并不拥护"君权神授论"这种绝对君主论的主张。他主张强大统治权力的正当性，他同时又认为，统治者只是人们实现自我保护的代理人。

霍布斯强调作为契约当事人的公民必须要履行的义务，同时也明确提出了君主必须要履行的义务。因此，霍布斯和洛克一样，被认为是一位古典自由主义者，在建立自由主义的传统方面发挥了先驱者的作用。生性懦弱的霍布斯本来并不关心政治，只是专心研究学问，结果却为近代政治哲学的萌芽奠定了坚实的基础。

第5章 论财产权

你想过这样的问题吗？

到底是从什么时候开始出现钱这种东西的呢？

又是从什么时候开始出现了财富的多寡呢？

当啷啷

为什么会分富人和穷人呢？

好好活着吧。

谢谢了！

许多人可能都产生过这样的疑问，而洛克对此又是怎么想的呢？

洛克的政府论

洛克引用《圣经》中的说法，认为原本的世界应该是大家所共有的。

共有，意思就是所有的人共同拥有。

他认为，人从一出生，就享有生存的权利，

也就是说，可以享用自然所提供的用以维持他们生存的所有物品。

这是大自然的礼物，尽情享用吧……

正如《圣经·旧约》中大卫王所说，"上帝把土地给了世人"，

这是上帝赐予我们的。

可见，上帝将土地给人类共有是非常明确的。

大地是上帝赐予我们人类的！

就是说，为了维持生存和舒适的生活，

人类共同享有这块土地上的自然产物。

上帝赋予了所有人同等的权利。

洛克解释说，虽然上帝创造的最早的人类是亚当，但并不是全世界的一切只归亚当及其继承人所有。

马上就好了。

第5章　论财产权　　99

所以，任何人都享有同等的权利，可以自由使用这一切。

任何人都不能吃这个苹果。

那么，财产权又是怎样产生的呢？

在自然状态下，人们可以自由地获取生存所需的一切。

谁抓到就归谁！

那当然！

蹦蹦跳

苹果树上的苹果是属于大家的。

如果有人饿了，想要摘苹果吃，是不是要先询问所有的人，并得到他们的同意呢？

啊？

如果一个人一个人地去询问，

请问……我可以吃这个苹果吗？

真是个傻瓜

那么这个人恐怕还没有吃到苹果，就已经饿死了。

咕噜噜

还……还有人没问到呢。

我认为，虽然在自然状态下所有的一切都是大家共有的，但同时所有人也可以自由去使用这一切。

洛克的政府论

也就是说，如果我摘下了苹果，那这个苹果就属于我的。

在这里，摘苹果的这种行为，如果换一种说法，也可以叫作"劳动"。

劳动是指人类为了生存而从事的活动。

洛克认为，正是通过劳动，才产生了财产权。

猎物

他还强调，通过劳动所产生的财产权是非常重要的。

对于用劳动改进了的东西，除劳动者外，其他人不再拥有权利。

面包对我们来说很重要，

它可以维持我们的生命。

那么，面包是怎么得来的呢？

什么怎么得来的？当然是从面包房买的呀。

真是个傻瓜！

首先，我们需要做面包的原料，也就是面粉。

呼噜

第5章　论财产权

面粉是以麦子为原料加工得到的,而麦子则是通过耕作种植收获的。

在这个过程中如果缺乏人的劳动,那么麦子就会变成杂草。

劳动发挥了重要的作用,因为它提高了这种东西的价值。

金刚石必须通过人的劳动,才能变成价值连城的钻石。

通过劳动,物品的价值得到了提高,因此也就产生了财产权。

对于现在的我们来说,这种解释顺理成章而且容易懂,

没错……说得很对。

但是在洛克生活的那个时代,这是一种非常激进的思想。

简直是一派胡言!

当时大多数人认为,土地全都归国王所有。

前面提到过的"长子继承"的逻辑就是这种思想的基础。

君权神授论者认为,亚当是上帝创造的第一人,他拥有财产权,而他的长子则继承了这种权利,

这些全是我的……

我也有同等权利……

君主们则自认为是亚当的继承人。

祖先……

洛克坚决反对这种理论。

简直就是痴人说梦！

谁能证明国王就是亚当的后人？

朕说是就是！

不服吗？

洛克的这种思想，在很早以前就已经由法国的神学家加尔文提出过。

加尔文是一位比我早100多年的神学家。

约翰·加尔文（1509—1564）

他的影响并不只停留在神学领域，他的思想还成了现代资本主义的理论基础。

加尔文主张"职业无分圣俗"，所有的职业都是按照上帝的意旨而存在的。

真的？

你是例外。

他还进一步指出，无论从事什么职业，只要是为了实现上帝的意愿而努力工作的人，

都享有去往天国的权利。

加尔文的这种思想，为当时饱受身份等级制度压迫的工商业者带来了巨大的希望。

工商业者，指的是商人、工场主、手工业者等。

就是像我们这样通过劳动提高物品的价值的人。

第5章　论财产权　103

我们都知道，在中世纪和近代的欧洲，宗教都担负着重要的作用。
真伤脑筋。
又是关于宗教。
在欧洲历史上，除了宗教就没有别的事了吗……
加尔文是新教教徒。
圣经
当时，贵族们都信奉天主教，在天主教中就存在着支持身份等级制度的教义。
因此，身份低微的人即使再有能力，财产再多，也还是会受到区别对待。
你们这些只想着自己利益的浅薄的家伙……
你们知道吗？商人上天国，比骆驼穿过针眼还难。
工商业者
但是，神学家加尔文却提出了“职业无分圣俗”的主张。
胡说！职业根本没有贵贱之分！
你说什么?!
职业无分圣俗，意思是说所有的职业都是上帝所赋予的使命。
加尔文认为，所有人都受到上帝的诏命，获得一份自己的工作。
没错，没错！
所有的工作都是平等的，不分高低贵贱。
无论从事什么职业，只要是勤恳而诚实地工作的人，就都可以上天国。
啪

| 在这一点上，裁缝和牧师是没有区别的。 | 加尔文为了能将自己的思想付诸实践，曾努力想要说服当时掌握着权力的贵族们。 |

这简直是犯上！

你现在当然会觉得不可思议。

想要改革宗教，最重要的就是获得物质支持。

加尔文的这种努力在瑞士和法国得到了很多人的支持，特别是热烈响应"职业无分圣俗"的法国工商业者，他们使法国变成了一个强大的国家。

小规模的手工业者和商人逐渐发展成了大型的工场主和贸易商。

在瑞士，有许多从法国逃亡过来的贵族，他们回到法国后，也开始传播加尔文的思想。

有一个叫加尔文的人是这样说的……

特别是"职业无分圣俗"的思想，它所主张的不仅是所有职业都平等，

熊熊燃烧

还肯定了可以通过勤恳的劳动积累财富，

啪

这也为日后资本主义的成长奠定了重要基础，

第5章　论财产权　105

给当时正在成长中的工商业者以有力的支持。
在身份等级制度森严的社会中，我们一直受到贵族们的压迫和蔑视，是加尔文让我们变得合法化。
加尔文还提出，财产越多，上天国的可能性也越大，
嘿嘿
这种思想带来的直接结果，就是提高了工商业者的政治地位。
咯噔
从现在开始，终于进入钱能解决一切的世界了。
咯噔
加尔文所率领的宗教改革势力在日内瓦的活动尤其活跃，
他们后来被称为清教徒。
因为加尔文特别注重遵守严格的道德义务，所以才有了这样的称谓。
英国叫清教徒，法国叫胡格诺派教徒。
好了，显然我们该回到洛克关于劳动权利的解释上了。
呃
相信大家没有忘记，本书的主人公不是加尔文，而是我，嘿嘿。
洛克也和加尔文一样，强调了人类劳动的重要性。
唰唰
他指出，如果想拥有财产，就必须要劳动。
爸爸，请给我零花钱！我已经把皮鞋擦好了。
哈哈，干得不错。

而且，通过劳动所获得的一切，其他人都不能随意夺取。
你怎么能给他这么多零花钱？
啪
啊？
正当的劳动是与生俱来的权利，任何人都不得侵犯。
按照洛克的财产权理论，这是我正当劳动的权利。
?
你说什么？
那么，洛克的这种主张最初是怎么来的呢？
在自然状态下，所有的一切都应该是共有的……
等一等！
既然说世界上的一切都是大家所共有的，那个人的财产权是怎么来的呢？
那不就是夺取了大家的共有财产了吗？
那我就来证明，私人的财产权并不会伤害到大家。
相反，反而是对大家有利的。
嗯？那是怎么回事呢？
就以土地为例来进行说明吧。
本来是一片荒地，如果有人辛勤开拓，将它变成了肥沃的农田，
就可能会获得比荒地多十倍，甚至百倍的收成。
唰唰
所以，通过劳动所得到的，并不是夺取大家的共有物品，而应该是看作对所有人都有利的一种增值和发展。
嗯……有点儿道理。

那么，私人的财产权达到什么样的程度合适呢？
上帝允许我们拥有多少财产呢？
很好的问题。
因为如果没有限制，人类会由于贪婪而想要拥有无限多的东西。
这种限制，如果按照自然法则，就是以供我们享用为度。
那么，“享用”到底是什么程度呢？
洛克认为，“享用”的程度就是供人们生活所需，而不是让人们大肆浪费。
嗡嗡
啊，什么味道！
如果摘的苹果太多，结果吃不了，腐烂了，
嗖
这就如同是偷了别人的东西一样。
小偷！
什么？
即使是生长在自己农田里的粮食，
洛克认为，如果主人疏于管理，那么也将不再属于他。
那块地没有主人吗？
杂草比庄稼还多。
太可惜了……
这样就算超越了自己能够“享用”的范围。
啊？

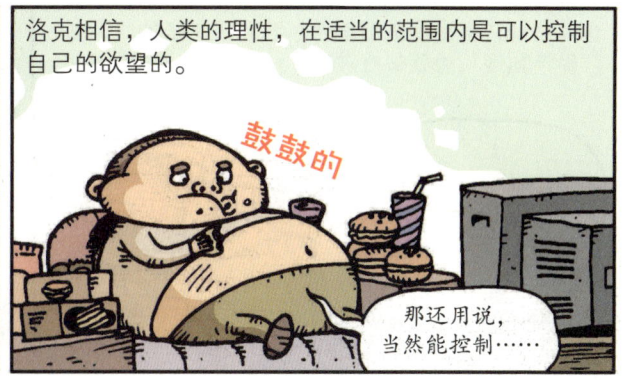

如果能够遵守这一原则，由于人类的劳动所获得的财产权，就会成为在自然状态下不违背自然法的正当权利。

洛克相信，人类的理性，在适当的范围内是可以控制自己的欲望的。

鼓鼓的

那还用说，当然能控制……

但是，货币的出现却打破了这种限度。

实际上，货币本身并不具有价值。

它只是一种为了与其他物品交换时更方便的工具而已。

货币出现之前，人们只能将自己多余的东西与所需要的东西进行直接交换。

但是那样非常不方便。

如果想在市场上换回一双鞋，就必须背去具有相同价值的粮食，

买……买四十双鞋……

啊？！知道了。

还要先进行协商以确定能否进行交换。

和我交换吧。

开什么玩笑？

货币出现以后，这种不便利就不存在了。

同时，也不必再担心产品会变质。

因为可以在产品变质之前就把它卖掉换成钱。

第5章　论财产权

也就是说，当出现货币之后，洛克所主张的“财产限度”也就被打破了。
钱再多，也不会烂掉或者成为负担。
人们努力积累更多的钱而不必积攒物品，这样，财富的无限积累变成一种可能。
只要有能力，就可以积累无限的财富。
啪
因此，货币使人类的无限欲望都能得以实现。
耶！
洛克认为，这种情况加剧了人类的不平等。
当啷
自然状态下，人类所拥有的自由和平等正在一步步经受着挑战。
啊！好沉……
因为货币，劳动的目的不再是“可以享用的程度”，而完全变成了“无限积累的程度”。
现在，原来的限制消失了。
至此，洛克不得不承认不平等的存在了。
嗖
哎哟！
如果按照洛克的想法，财产权是作为劳动的结果出现的，
只要在物品腐败之前对它加以利用就可以了，
咯噔
而货币却让物品不会腐败。
给，这是橘子钱。

洛克注重强调劳动的价值和私有财产的重要性。

一个人能耕耘、播种、改良、培育多少土地和能利用多少土地的产物，这些土地就是属于这个人的财产。

洛克的主张，从根本上肯定了劳动的权利，也肯定了个人的财产权。

突突突

如果没有劳动，土地本身是没有多少价值的。

他的理论也为资本主义奠定了基础。

他还指出，由劳动而产生的财产权，任何人都不能侵犯。

甚至是在夺取生命的情况下，也不能侵犯个人的财产。

任何人都没有那样的权利。

洛克的这种主张也成了另外一种思想的依据，那就是个人的财产是神圣的，君主的权利必须要受到限制。

居住在我的领土上的百姓的财产全部是我的，我可以随意征税。

胡说！

无论权力多么强大的君主，也不能侵犯个人的权利。因为个人的权利是上帝所赐予的。

哦，知道了……

嘀咕

洛克对于私有财产的强调，是因为受到了莎夫茨伯里伯爵的影响。

我就是为了英国的发展而提出自由贸易的人。

一句话，就是"自由主义者"。

莎夫茨伯里伯爵认为，为了实现自由贸易，对于宗教信仰，也应该采取宽容的态度。

第5章 论财产权 111

宗教和贸易有什么关系呢？
哇哇
在当时的西方国家，宗教对政治、社会、文化等各个领域都有重大的影响。
在那个时代，常因宗教信仰不同而彼此仇视。
贸易是对商品的买卖，难道宗教信仰不同，彼此就不做买卖了吗？
我们商店的东西只卖给犹太教徒。
你说什么？
如果商人因为不喜欢顾客的宗教信仰就不卖给他东西，那是很难赚到钱的。
啪
唉，这么挑剔顾客可不行啊。
自由主义者就是因为这个原因，才对所有的宗教采取宽容的态度。
欢迎光临！
洛克曾经担任莎夫茨伯里伯爵的家庭医生及秘书，经常和他讨论各种问题。
在这个过程中，他也接受了莎夫茨伯里伯爵的自由主义倾向。
他是一个值得尊敬的人。
莎夫茨伯里伯爵支持君主立宪制，主张公民自由、宗教宽容及议会制等。
同时，对于上流阶层出身的洛克来说，私有财产就如同生命一样宝贵。
因为为我提供政治和社会基础的，就是我所拥有的土地和财产。
按照洛克的想法，这种财产权的依据应该是从很早以前就已经被人们默许同意了的。
我无法询问所有人我是不是能吃这个苹果。
咔嚓
这一点在货币发明和使用中也是一样的。
根据人类的需要而默许了货币的使用，所以对于因此而导致的不平等，也只能去接受。
如果不是因为有了货币，可能到现在人们还在沿用“所有人都只按照自己能享用的程度去拥有”的原则呢。

所以，批判洛克的人认为，洛克将人类不平等的原因都推给了个人。

因为接受了货币的使用，就要接受由此带来的痛苦吗？

哪有你这么不负责任的人？

我……

按照洛克的理论推断，穷人是因为不认真工作才会穷的，而没有其他任何人的责任。

只要努力工作，每个人都可以成为富人。

是真的吗？

最终，富人和穷人之间的差异完全归咎于个人的责任。

与洛克的这种主张不同，被称为凯恩斯学派的人，

英国现代经济学者约翰·凯恩斯

则强调政府的干预作用，提出需要"福利国家"。

主张自由竞争的古典学派的理论是错误的。

你这么说有什么根据？

经历了1929年以后的经济大恐慌从而直接体会到自由主义局限性的人认为，国家应该适当地介入经济活动。

马克思则提出，要将全部财产公有化，以此来解决这种不平等。

不平等真的都归咎于个人的责任吗？社会或政府完全没有责任吗？

关于这个问题的主张，后来又分成了社会主义和资本主义两大阵营。

那是你死后发生的事情，你是怎么知道的？

当啷

咚咚

关于财产权的说明就到这里了，让我们进入下一章吧。

跟我来吧！

嘎吱

第5章　论财产权　113

凯恩斯和凯恩斯学派

约翰·梅纳德·凯恩斯（John Maynard Keynes, 1883—1946）是英国的经济学家。他不仅是著名的经济学家，同时也是成功的投资人，他还曾担任国际货币基金组织（IMF）的理事和国际复兴开发银行（IBRD，通称世界银行）的首任总裁，以及英国上议院议员等，在许多领域都非常活跃，在政治、哲学、经济学及数学方面都颇有建树。

凯恩斯之前的经济学，是以亚当·斯密的思想为主流的。强调"看不见的手"的重要性的亚当·斯密认为，政府最好不要干涉个人的经济活动，只有这样，市场才能根据每个人的需求进行供给，确定适当的价格，形成不会出现失业的完整的雇佣关系。但是，1929年爆发的经济危机让全世界的经济状态严重恶化，而对亚当·斯密的理论提出批判的凯恩斯开始受到大家的关注。凯恩斯强调的是一种叫作"有效需求"的新概念。所谓有效需求，是以消费者真正的购买能力为前提的概念。也就是说，只有钱包里有钱，才能去

约翰·梅纳德·凯恩斯

买东西。

凯恩斯认为，斯密所说的"需求"重视的只是消费者想要买东西的要求，而在经济危机这种非常时期，就会出现手里没有钱，就算想买也无法买的情况。也可以说，只有要求但没有能力实现的需求，是无效的需求。

与亚当·斯密不同，凯恩斯认为，要想实现有效需求，就要发挥政府的作用。凯恩斯主张，政府应该积极参与到经济活动中，通过增加财政支出，拉动有效需求。有效需求增加，会促进就业，刺激消费，从而促进经济的发展。凯恩斯的这种主张在大萧条时期的经济状况下产生了一定的作用，对国际货币基金组织和国际复兴开发银行等国际金融机构的诞生都有着决定性的影响。

亚当·斯密

之后，凯恩斯的经济学思想对许多国家都产生了影响，在完善资本主义理论的同时，还提出了"福利国家"的概念。由于其对经济学家的巨大影响，后来还出现了"凯恩斯学派"。

进入21世纪以后，又出现了与凯恩斯理论不同的经济主张，这就是"新自由主义"。实际上，新自由主义是重新回到了主张亚当·斯密的思想，或者再往前追溯，强调的是洛克的私有财产权的保护道路上。

第6章 论父权

父亲到底是个怎样的角色呢?

是一家之长,

现在开始吃饭吧!

是!

给孩子零花钱,

哇啊

耶!

每天要拼命工作,

又要加班……

116　洛克的政府论

总让人觉得很威严的人。
我是你的爸爸。
啊！真的吗？
害怕
你的爸爸是这样的吗？
什么，你的爸爸比喜剧演员还好笑？
摇啊摇
哈哈哈哈！
会做一手好菜，
亲爱的，味道不错！
总是多愁善感？
那么，作为父亲的职责到底是什么呢？
洛克对父亲的权威和职责做了详细的说明。
我认为，君主制的理论就是从“父权”这一概念出发的。
大家还记得前面曾经提到过“长子继承制”吗？
君权神授论者认为，亚当是最早的人类，他的长子继承了亚当曾经拥有的权利，
我所拥有的一切都留给你。
爸爸，那我们呢？

而现在的君主就是他的直系子孙。

这样可以让人们更好地相信君主的绝对权力。

所以，国王们理所当然地就会认为，自己是所有臣民的父亲。

就好像子女要听从父亲的话一样，只有服从朕的命令，才能取悦于神。

洛克对父权进行了详细的分析和批驳，同时也动摇了君主制的基础。

我们就从父权这个概念开始入手吧。

在洛克看来，所谓父权，就是父亲管理子女，并让子女服从自己的一种权利。

你们只要乖乖听爸爸的话就行了。

但是，只有父亲才拥有对子女的这种权利吗？

不要忘了，对于孩子们，我也拥有同样的权利。

我认为，父亲和母亲对于子女的权利是同等的。

洛克认为，对于子女，母亲也拥有与父亲相同的权利，一味只强调父权，是有其他的意图。

他们的意图只有一个。之所以使用"父权"这个名词，是为了给君主的权力找到根据。

为了让人们只服从于一个人的绝对权力，

刷

118　洛克的政府论

| 于是就有意地淡化了母亲的权利。 | 如果承认了母亲的权利，也就是"母权"，那么相应地是不是也要承认王妃的权利呢？|

"如果也承认母亲的权利，问题就会变得不好办。"

洛克认为，在一个家庭中，应该同等地承认父母的权利，而不是仅仅强调父亲的权利。

"妈妈说可以这样……"
"什么？"

否定了绝对的父权，也就很自然地可以肯定女性的权利。

洛克虽然生活在距今300多年前，却已经主张女性解放了。

男女平等　女性解放　要求女权

"这不是我的本意……"

所有人都是生来平等的，都拥有平等的权利。

嘎吱

母亲在家庭中拥有与父亲不同的、独立的职责，这是洛克的基本思想。

那么，洛克又是怎么解释父亲的职责呢？

"重要的是，所有人生来就是不完美的，当然除了亚当……"

亚当一出生，不，应该说是一被创造出来，就已经是完美的，

"嗯，这样不是很好吗？"

唰唰

第6章　论父权　119

是一个可以实现自己意志的人。 咬一口尝尝。 因为你可以想做什么就做什么…… 总觉得不太应该。	他的后人则不同。人在出生以后，在一定的时期内是需要受到保护的。 呜汪 嘻嘻 孩子——危险！

想象一下刚出生的婴儿吧。 哇哇	在没有父母保护的情况下，能生存下来吗？ 可能一两天都坚持不下来。 够不着！	所以，上帝赋予了父母保护子女的义务，一直到子女成年为止。 哗哗

认真履行这种义务的父母，在这段时间内可以行使对子女的一切权利。	在受到父母保护期间，子女只能绝对地服从父母。 听老师的话，放学以后不要忘了去上补习班，零花钱要省着点儿花…… 唉，好烦呢！	那这种状态要持续到几岁呢？

当时英国的法律规定，21岁就算成年人了。 祝贺你！从今天开始你就是成年人了。 啪 这么说，从今天开始我可以想干什么就干什么了。 当然不是！	洛克也将这个年纪解释为子女可以独立的年纪。 当然，每个人还会略有差别……

120　洛克的政府论

在子女成年之前，父母为了保护子女，应暂时承担起他们的权利。

> 成年以后，你们要把权利还给我。

洛克认为，父母对于子女的这种权利，

是从对子女的养育和保护的义务中产生的。

但是，子女的生命与财产，即使是父母也不能随意处置。

> 爸爸，你为什么动我的储蓄罐？
> 呃啊！

父母的权利是受到严格限制的。

> 儿子，不敲门没关系吧？
> 这是我的房间。

按照洛克的说法，当子女到了能够自己理性判断事物的年纪，父母的权利就不存在了。

闪 光

从这一刻开始，孩子就成为一个独立的人格体，享有充分的自由。

> 终于成年了，现在想看什么电影都可以了。
> 这不还是儿童电影吗？

正在上映 小胖和他的小狗

当然这并不表示父母与子女之间的关系也消失了。

> 孩子，常打电话。
> 放心吧。

第6章　论父权　　121

从此以后，子女应该孝敬和赡养父母。
将我培养成人的父母，谢谢你们……
父母与子女之间的这种关系，同样可以应用到国王身上。
唰
国王也和其他人一样，承担着孝敬和赡养自己父母的义务。
父王，昨晚睡得好吗？
换句话说，国王和普通臣民都是一样的。
即使是君主，也没有什么不同。
这就意味着国王和臣民是平等的。
从这一点上来说，国王与臣民都是平等的。
微笑
听到了吗？以后我们可以平起平坐了。
没大没小！
洛克在《政府论》中对“平等”是这样解释的。
TREATISES
Government:
ESSAY
Civil Government
大家听说过“继承”这个词吗？
哈哈，不就是从爸爸那里继承财产的意思吗？
到最后，不管是车，还是房子，都是我的……
哼，这个小子……
洛克也提到了这部分。
噌
父亲的财产是让子女服从自己的一个重要的手段。

我们偶尔会从报纸或电视上看到子女为了争夺父母的财产而大打出手的事情。

真是太过分了……

大家还记得前面提过的财产权吗?

通过各自的劳动所产生的财产权,任何人都不得侵犯!

父亲的财产是属于父亲的,

把这些财产留给谁,也是父亲的权利。

嘿嘿,当然是给我了,对不对?

不行,我们打算全部捐出去……

当有几个子女的时候,如何分配财产,也会成为一个重要的问题。

孩子这么多,以后分遗产的时候太麻烦了。

呃啊

通过对财产的分配权,

父亲也可以维持子女对自己的服从。

我会分的很公平的。不过,刚才顶撞我的老三没有蛋糕。

什么!

通过财产约束子女,这听上去似乎有些可笑,但显然是一种很有效的方法。

我以后一定听话……

我也想吃蛋糕。

第6章 论父权　123

洛克之所以做这样的说明，目的并不是要谈论财产继承的问题。他真正想说的是，由于财产，也就是土地的继承而产生的法律与义务。

没有人不关心财产，但不关心法律与义务的人却很多……

洛克认为，继承了父亲的土地以后，

从今天开始，这块土地就是你的了。

同时也要服从土地所属的国家。

你不是只得到土地，还必须要遵守这块土地所属国家的法律。

等一等，那如果我不继承父亲的土地呢？

那么，你就没有履行相关法律的义务。

那你就自己去选择要生活的地方吧。

但是洛克提出，如果继承了父亲的财产，

给你，这是我的所有权利。

耶！

也必须要接受父亲之前所拥有的权利和义务。

还有这个也要拿走！

啊？！

必须要遵守父亲曾经服从的法律，
法
必须要缴纳父亲曾经缴纳的税款，
你要缴纳土地转让发生的土地税和转让税，还有财产税、附加价值税等。
怎么这么多……
也必须要服从父亲曾经服从的统治者。
那是我们代代都忠诚于她的女王陛下。
嗄噔
无论什么，只要得到了，就必须要有相应的付出。
因为这个世界没有免费的午餐。
如果想要享受权利，就必须要履行义务。
我想光得到不付出，不行吗？
那跟小偷有什么区别？！
现在你能理解父亲到底是什么样的角色了吧？
他要保护和养育子女，直到他们成人；
很久很久以前……
童话故事
还要努力工作，保障子女的生活。

| 如果在这个过程中，他的财产越来越多，还要考虑将来如何分配这些财产。 | 到目前为止，洛克到底想要说明什么问题呢？ |

磨坊给老大，驴子给老二，穿靴子的猫给老三……

告诉我们爸爸到底是谁。
妈妈也跟爸爸一样重要。
不就是关于财产继承的问题吗？

我想说的是，父亲的权利和国王所拥有的支配权是完全不同的。

父权是天赋的自然权利，是为了让他承担养育子女的义务。

你要好好照顾这个孩子。
谢谢！

父母负有对子女的保护和养育责任，

吃饭吧，儿子。

子女在成年之前，也必须要服从父母的管教。

我不想吃菠菜……
挑食可不行啊！
不准把菠菜挑出来，都吃掉！

父母如果不能正确地养育子女，则会失去对于子女的权利。

辛德瑞拉，姐姐们参加舞会的裙子都准备好了吗？
准备好了，可是我……

这不同于统治和服从的关系。

我发誓要忠诚于国王陛下。

洛克的政府论

那么，什么是统治权呢？

正如前面曾经说过的，统治权是自然状态下的人们为了防止他人的威胁或攻击，

就是你让我变得如此悲惨……

而通过将自己的权利委托给某个人而产生的权利。

是人们之间的一种契约。

喂 是警察局吗？

无论是社会的建立，还是国家的建立，都是通过这样的过程实现的。

洛克的这种主张，也可以叫作社会契约论。

洛克　霍布斯　卢梭

我们是社会契约论的代表人物。

洛克明确指出，统治权并不是上帝所赋予的。

任何人在最初的时候，都不具备支配别人的统治权……

英国国王难道不是例外吗？

而这也是对君权神授论的批判。

君权神授论

君权神授论是什么意思？

前面讲过，难道忘记了吗？

洛克为了驳斥当时托利党的主张，必须要从根本上推翻他们的理论。

国王不是神！

他的思想很危险呀……

托利党的基本思想，也就是君权神授论，

国王陛下就是上帝派到凡间的代言人。

王权不应该有任何限制。

议会的权力也必须要得到国王的允许。

呃啊

第6章　论父权　127

其核心就是，国王的权力是上天赐予的。
好像已经说过好多遍了……
也可以直接把国王称作是神。国王可以审判所有百姓，除了上帝，国王不需要对任何人负责。
对此，洛克指出，国王的权力应该是在人民同意之后才产生的。
真是太荒唐了！
国王的权力不是上天赐予的，也不是像父权那样是天生的，而是受到人民委托而产生的权力。
照你这么说，百姓为什么要服从我？又为什么会把权力交给我？
这个嘛……
因为人民为了保护自己而选择了国家，把自己的权利交给国家。
既然交出了权利，不就应该彻底服从国王的统治吗？
但是，人民交出的权利只是其中的一部分而已。
你这是狡辩……
洛克提出，国王有保护人民的义务，
但是不能随意使用自己所承担的权力。
我想有一张不限额度的信用卡……
国王的统治权应该是有限制的。
汪
汪汪
啊！要是链子再长点儿就麻烦了。
发抖
洛克认为，人们应该通过法律限制国王的统治权。
即使是国王，也不能凌驾于法律之上。
法

这是不是跟社会学课上讲过的内容差不多？ 我没有学过…… 不是前几天刚学过嘛！	没错。洛克的主张就是国家权力必须要遵循法律，也就是"法治主义"。 法治主义，广义上说就是法律框架下的政治，是否定了君主专制国家后，近代公民国家的政治原理。
因此，现在的时代也被称为"洛克的时代"。 那是当然啦！啦啦啦 是洛克，不是摇滚（Rock）！	这些内容听上去很熟悉吧，其实这些早就已经包含在洛克的《政府论》中了。 噢，这么一看，这个叫洛克的人还真是厉害呀。 就是！ 嘿嘿，看来在后来的时代我也很有人气……
	通过对父权的解释，洛克否定了国王的绝对权力。 绝对！ 你这个面目可憎的家伙…… 气势 汹汹
再强调一次，国王只能支配自己所承担的，经过人民同意的权力。	当然，统治权不是一件小事。 啪	关于统治权，后面还会有详细的说明，现在就讲到这里吧。

第6章　论父权

社会契约论"三剑客"

想要理解"社会契约论",就必须要了解霍布斯、洛克及卢梭这三个人。他们有一个共同观点,就是都认为在国家建立之前,人类社会存在着一种自然状态,自然状态下的人们为了保障自己的安全和幸福而缔结契约,从而建立了国家。

但是,他们对于"自然状态"的认识是有区别的。霍布斯认为,自然状态是"一切人对一切人的战争"。他觉得,自然状态是一种非常危险的状态,人们因为私欲而想要追求各自的利益,因此会不断地发生矛盾和纷争。而洛克和卢梭则不同,他们认为,在自然状态下的人们是自由、和平的。这种差别来自他们对于人类本身的不同认识。

霍布斯相信"性恶论",认为人类天生就是自私而贪婪的,所以自然状态的人们必然会陷入不断的纷争之中。而洛克则认为,人类刚出生的时候,如同一张一尘不染的白纸,卢梭也认同"性善论"。洛克和卢梭认为,人类只是为了让自己更加安全和幸福,才去建立社会。

三个人对于"国家"的认识也存在区别。霍布斯认为,国家是一个不会有任何错误的完美存在,

即使将绝对权力交给统治国家的君主，也不会有任何问题。而洛克则认为，国家不过就是人们将个人的部分权利临时委托于它的一种存在，如果国家犯错，公民就可以收回自己的权利，这就是"抵抗权"。卢梭则更进一步，认为个人的基本权利是坚决不能转让的，国家只是人们追求幸福生活的一种工具。

尽管存在这样的区别，但是三个人全都认为，国家是根据人们之间的自由契约而诞生的。也就是说，国家不是由上帝或者超自然的权威所建立的，而是基于公民的同意和支持而存在的。霍布斯、洛克、卢梭三人的思想为近代民主主义的发展提供了重要的思想基础。

让-雅克·卢梭

第7章 论政治社会的起源

现在我们来谈谈家庭。

请大家都看这里。

茄子！

家庭到底是怎么出现的呢？

婚姻制度是从什么时候产生的呢？

新郎新娘现在就是一家人了……

下面就让我们来看看洛克的看法。

没想到这本书里还有这样的内容吧？

政府论

132　洛克的政府论

关于家庭这种社会形式的产生，

啪 嗒
站住！

洛克是从男女的结合中找到其起源的。

哇，大帅哥！
嘿嘿，看样子她迷上了我的打猎本领。

人类也和动物一样，具有传宗接代的本能，这就让男女相遇之后结合在一起。

谢谢你给我生了这么多的孩子！

但是，人类和动物之间有着很大的区别。

是什么？财产？性格？爱情观？

动物养育幼仔的时间非常短暂。

发怒
现在你要自己去找吃的啦！
可我还不到一岁呢。

你们养过小狗吗？

小狗一出生就可以站起来。

哇，真的能站起来。
呜

几个月后，小狗的个头儿就和妈妈差不多了。

汪 汪
叫声也变大了，嘿嘿。
我的孩子长大了。

一年之后，小狗就可以独立生存了。

嘻嘻……也到了该结婚的时候了……

第7章　论政治社会的起源

不同的动物成长过程会略有差别，但是跟人类比起来，养育时间都是非常短的。

而人类则不同。

呜哇呜哇

首先，婴儿在刚出生的几个月里，大多是在妈妈的怀抱中长大。

在之后相当长的一段时间里，要依赖父母的帮助才能生存。

妈妈，左转。

所以，对于人类来说，父母的作用是至关重要的。

妈妈，给我零花钱，还有学费，还有买参考书的钱……

洛克认为，正是由于这些原因，父母必须在相当长的一段时间里与子女共同生活，承担起养育子女的职责，而且还拥有与子女养育有关的权利。

零花钱要省着点儿用，过马路的时候一定要看信号灯，上课认真听讲，是不是又忘了带什么东西？

好了……

而婚姻这种制度，也是因为这个原因而产生的。

在妻子照顾和养育子女的过程中，

妈妈，我饿了。

爸爸会带吃的回来的。

丈夫则要为全家人的生计而努力工作。

亲爱的，这是今天的晚饭。

爸爸

哇噢！

洛克的政府论

夫妻二人的关系必须明确而持久，
这样的话，才能让孩子顺利、稳定地长大。
在我们长大成人之前，请两位一定不要离婚呀。
嗯？
洛克认为，就是由于这个原因，所以从一开始，上帝就给了人类一种叫作“责任感”的东西。
除了责任感，你就没有什么别的再给我了吗？
你是说，光一个伊甸园还不够吗？
夫妻必须履行作为父母的责任，以及作为丈夫和作为妻子的责任。
我去外面干活，你在家做好饭等我，要照顾好两个孩子。
你们要听妈妈的话，不许打架。
特别是你，不准跟着我……
洛克在解释家庭起源的时候，还提出了另外一个问题，那就是支持君主专制的人们所主张的“父权”。
只有国王陛下是亚当的子孙，得到上帝赐予的权力。
不对！
唰
在家庭中，父亲和母亲分别起着不同的作用，这可以很好地驳斥君主的统治权来自父权这一说法。
唰
在一个家庭中，父亲拥有一定的权利，但同时，母亲也拥有一定的权利。
该让我看电视剧了。
现在是看棒球的时间。
我夺
你争
我要看动画片！
也应该给我们点儿权利！
因此，父亲和专制君主是不能等同的。
父亲不能像专制君主那样独占所有的权利。
当然，有些父亲也想要那么做……

虽然在有些情况下，母亲会服从父亲的指令，但是她并没有放弃自己的基本权利。

在一个家庭中，即使是父亲，也不能侵犯与母亲或子女的生命有关的权利。

那么，"公民社会"又是怎么开始的呢？

大家还记得前面关于"自然状态"的说明吧？

人生来是自由的，每个人都能够成为可以维护自己权利的裁判官。

自然状态下的人类全都是平等的，可以最大限度地享受自己的自由。

但是会遇到权利受到侵犯的情况，

人们需要获得更好的安全保障。

洛克在解释社会的起源时，是这样说的：

上帝造人的时候，认为人类不适宜独自生存。

所以上帝赋予人类以形成社会的强烈必然性，形成社会后的方便性，以及想要形成社会的愿望。

136　洛克的政府论

不仅如此，他还赋予了人类以维持和享受社会生活的理智和语言。

你不是一个人生活在这个世界上，

你还有兄弟姐妹。

是的。

看到这里，也许有人会产生这样的想法。

嗯，好像在哪儿听过这种说法……

没错，亚里士多德曾经这样说过。

人类是一种社会动物。

虽然听上去差不多，但是我的想法与他是截然不同的。

我认为，想要构成社会的这种欲望，是人类的本性。

但更重要的是，在社会的构成中，人们要通过契约达成一致。

洛克认为，虽然人类确实存在想要形成社会的倾向，

但却是为了维护自己的安全、幸福及财产才缔结契约的。

与亚里士多德的思想不同，我认为人类是为了这样一种明确的目的才形成社会的。

当然，也有一些力量强大的人，能够实现自我保护。

我一个人也能活得很好。

洛克指出，无论这个人力量多么强大，一旦出现力量比他更强大的威胁势力，

呃，老虎！

嘿嘿嘿，终于发现今天的晚餐了！

第7章　论政治社会的起源

就会很自然地想到要借助集体的力量。

吁——看来，要想不被老虎吃掉，就只能住到村子里去了。

因此，人们希望集中在一起构成社会，然后选出其中优秀的人，将自己的权利委托给他。

这样做当然是为了维护自己的安全和幸福。

那么，选谁来当这个领导者，就成了一个重要的问题。

嗯……选谁好呢？

关于这个问题，洛克举了印第安人的例子。

印第安人通常会选择最勇敢、最强壮的人来做自己的首领。

从现在开始，你就是我们部落的首长了。

在最初建立社会的时候，最重要的问题就是抵御外敌的侵犯。

快从这片土地滚出去，你们这些野蛮人！

所以在战争中拥有卓越战斗能力的人，很自然地就会被看作是领导者。

战士们跟我来！

刚才都不见影子，怎么突然就冒出来了……

洛克的政府论

大家知道古代高句丽国的始祖朱蒙吗?

朱蒙

那时,伟大的国王必定也是英勇的将军。

嗒嗒嗒

因为首领最重要的作用,就是保护自己的人民不受外敌侵犯,

刷刷刷

不能让敌人夺走我们的土地!

真厉害!

还有就是扩张自己的领土。

哇哇

这次我们的目的变了。我们要攻占敌人的城池!

冲啊!

组成国家时,人们将在自然状态下所拥有的裁判权转交了出来。

法律

当人们之间发生冲突的时候,

呃……

这是我的孩子。

不对!这明明是我的孩子。

哇哇

就需要有人做出公正的裁判。

锵锵

伟大的所罗门王现在做出裁决,将这个孩子劈成两半,你们俩一人一半。

什么?!

在生活中,当朋友间出现纠纷时,是不是也很难得出结论?

先有鸡!

不对,是先有蛋!

咕咕

第7章　论政治社会的起源

139

双方都觉得自己是对的，而对方是错的。
蛋当然是鸡下的。
哼
哼，胡说。那鸡又是从哪里来的？
你们玩儿哪……
在自然状态下也常常会出现这种情况，所以就需要有人站在客观的立场上做出公平的判决。
这就是领导者的作用。
领导者拥有权威，因此是能够解决这种纠纷的人。
你们要是再因为这个问题争吵，我就把你们两个都关进监狱，明白了吗？
这样就算解决了吗？
那他和专制君主有什么不同呢？
在最初建立社会的时候，人们会选择一位英明的领导者。
你是最勇敢、贤德的人，也最有资格成为我们部落的领导者。
请接受这顶王冠。
然后领导者的权力很自然地就会传递给下一代，也就是他的长子。
嘿嘿，该轮到我了？
我们也想当国王……
如果没有什么大问题，当然可以这样。
如果组成社会的主体成员没有任何不满，
现在我已经完成了我的职责，该把位置传给长子了。

第7章　论政治社会的起源

人们也一定要做出反击。

真是胡说！这可都是通过我自己的劳动获得的正当收入。

你竟敢违抗国王的命令……

但是在君主专制的统治下，对于国王的这种错误行为，是没有地方可以去申诉的。

呜

我只能向神祈祷……

因为国王掌握着绝对权力，在国王自己做出改正之前，

我要向百姓们认错，请求他们惩罚我吧……

是没有任何办法可以去纠正国王的错误的。

国王怎么可能说出这样的话呢？

哇啦啦

洛克认为，在专制君主统治下，人们实际上与自然状态下是一样的。

因为在自然状态中，人们不需要得到任何人的许可，可以不顾他人的意志任意而为。

这说的不就是我们嘛！

自然状态下，人们只能自己解决与自己相关的问题，

如果想碰我看中的猎物，先要跟我决斗！

哼，你以为我怕你吗？

而在公民社会，就要诉诸法律，并且要服从裁判官的审判。

根据《宪法》第××条第×款，被告……

咚 咚 咚

为什么说君主专制与自然状态没有区别呢？因为君主专制下没有公正的裁判官，

嘎吱

谁敢审判我？

哼！

142　洛克的政府论

第7章 论政治社会的起源

要让所有人都享有同等的权利，并且同等地接受处罚，就必须要有一个能够限制王权的机构。
国王也必须跟普通百姓一样，遵守立法机构制定的法律。
等一等，那就是说，也可以把国王关进监狱了？
所以你一定不要做出违法的事哟！
没有那种法律！
当时，英国已经有这样的立法机构，
我们就是制定法律的人。
但是却不能正常发挥作用。
呵呵。
啪
我们每天都无所事事……
大家还记得奥利弗·克伦威尔吗？
等了这么久，终于轮到我出场了。
他虽然经选举进入了作为立法机构的议会，但是由于没有召开过一次议会，也就没能发挥任何作用。
11年的时间里，竟然没有召开过议会……
当时，英国的立法机构没能起到适当限制国王权力的作用，所以民众的不满情绪日益高涨。
既然这样，根本就不需要议会嘛！
就是嘛。
洛克之所以特别强调立法机构，也是出于当时英国的这种现状。
一个国家最重要的政治机关就应该是立法机构，它的地位应该高于国王。
你说什么？
因为我直接体会到了专制君主的弊端，所以才会更加坚定地这么想。
洛克认为，公民社会和专制君主是绝对无法共存的。
专制君主
公民社会
油
水
就好像水和油一样。

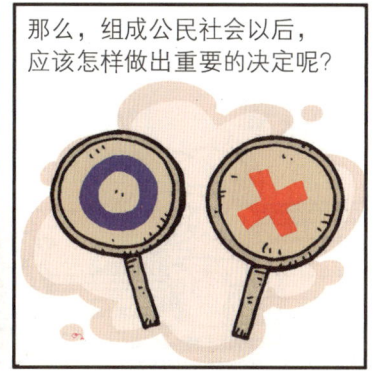

因为，公民社会是自然状态的人们放弃了自己在自然状态下享有的部分权利，交由社会，并缔结了契约而成立。

在自然状态下，个人之间一旦发生冲突，当事人有自行裁判权，

呼呼

你说你儿子和我儿子打架，你儿子被打成了重伤？

是，你打算怎么办吧？

洛克认为，当事人通常都会偏向自己和自己的亲戚朋友。

小孩子打架有什么大不了的，还找到这里来？

要是你的孩子被打了，你也会这么说吗？

喷

于是，想要消除这类问题的人们就自愿建立了社会，这正是建立社会的重要目的。

洛克指出，专制君主掌握着绝对权力，

在自然法的限制之内，我可以随心所欲做任何事情。

并且想要随意支配老百姓，这是不正当的。

呜呜，那样太不公平了！

所有人都应该是平等的。

那么，组成公民社会以后，应该怎样做出重要的决定呢？

关于这个问题，洛克是这样说的：

当一些人基于每个人的同意组成一个共同体时，他们因此就结合起来并组成了一个国家。

那里的大多数人享有替其余的人做出行动和决定的权力。

今天是第×届总统选举投票日

投票处

这也就是我们常说的少数服从多数的原则。

金英熙　江哲秀　夏东贤
正　　　正　　　正
正　　　下　　　正
一

第7章　论政治社会的起源

在现实情况中，要想取得社会全体成员的一致同意是很困难的。

因此，按照少数服从多数的原则，就可以形成共同体。

我想将这称之为一体化。

社会一旦形成之后，就意味着组成这个共同体的全体成员，必须像一个整体一样去行动和运转。

就好像钟表的指针一样……

洛克认为，如果不接受这个原则，社会则无法做出任何决定，

这个位置太累了，我要到上面去。

我也是，我也是！

这时候，怎么还说这种话？

共同体就会崩溃。

啊！

哎哟！

啊！

在组成共同体，建立政府的过程中，发挥最重要作用的，就是人们的同意和认可。

想踢足球的人到这边来。

为了保护自己的安全、幸福以及财产，自然状态下的人们自愿交出自己的权利，这就叫作"自发性同意"。

所谓同意，又分为明示的同意和默认的同意。

所谓明示，就是用文字或口头明确表示。

我要踢。

我也要加入。

而默认，则是既不说出来，也不付诸文字，

洛克的政府论

| 但是并没有对某事表达出明确的反对意见，所以也会被认为是同意。 | 在最初组成社会的时候，需要全体成员自愿并且明示性地同意。 |

"好，那就都跟我来吧。"

"同意！" "同意！" "我也同意！"

| 因为必须要放弃自己的部分权利，所以就需要表达出明确的意见。 | 但是他们的后裔又会是怎样的呢？ | 他们自己并不是自动同意的状态。 |

"我吗？"

"那么，他们成为社会成员是不是需要其他的程序呢？"

对此，洛克是这样解释的：

理由是，孩子的判断力还不够成熟。

儿女们在成年之前，也就是要靠父母养育的时期，必须要服从父母所属的社会。

"呜哇！这里的所有玩具我都要。"

但是在成年以后，他们便是自由的，可以按照自己的意愿，去选择政府或国家。

"虽然这是我的祖国，但我讨厌政府的统治。"

"翻过围墙，到我想去的地方……" "站住！"

第7章　论政治社会的起源　　147

这种权利应该受到保障！

洛克认为，上天赋予人类的权利，任何人，哪怕是父母，也不得侵犯。

— 听到了没有？我有权不吃我讨厌的菜。
— 你这个小子，你这是挑食！

但是，如果子女继承了父母的财产，也就是土地以后，情况就会不一样了。

— 以后，这片土地的主人就是你了。

土地是受到父母所属社会管辖的，而继承土地，也就是接受了这个社会的统治。

— 这个文件就是"地契"。它证明，依照国家的法律规定，这片土地是属于我的。

因此，子女承认了父母所属的社会，也就有了要遵守其法律的义务。

最终我想要强调的道理其实非常简单。

社会就是人们的契约……

社会是通过人们的契约建立的，因此最重要的是基于每个人的同意。

社会是以每一个成员的自然权利为基础建立起来的，维护他们的基本权利，就是国家的职责。

— 我发誓会效忠我的百姓和国家。

组建社会最重要的目的就是为了保护人们的财产。

嘟 嘟 嘟 站住—— 嗒嗒嗒

148　洛克的政府论

所以，即使是国王，也不能随意侵犯国民的财产。

呃！

国王的权限必须要受到限制。

非经同级贵族的依法审判，任何人不得被逮捕、监禁、流放、没收财产、剥夺公权及受到其他损害。

国王也应该与国民一样，受到同等的处罚。

为此就需要设立独立的立法机构，

立法机构是制定、修正及废止法律的国家机关。在韩国，这个机构叫"国会"。

为了保护公民的基本权利，选举出的代表们要按照少数服从多数的原则做出各种重要的决定。

我宣布，法案得到出席议员75%以上的同意，获得通过。

公民社会是基于每个人的同意而建立的。

每个人都可以自由地选择加入或者离开国家，并且这种权利应该得到保障。

嘟嘟。

在这种思想基础上，洛克提出应该建立一种新型的国家。

应该建立这样一种国家，国王的权限受到限制，每个人的权利都能够得到保障。

现在我们生活的国家，每个公民的权利都得到了保障。

所以才叫作"洛克的时代"，哈哈。

第7章　论政治社会的起源　149

克伦威尔

奥利弗·克伦威尔（Oliver Cromwell, 1599—1658）出生于英格兰东部的亨廷顿。他是一位卓越的政治家和军队指挥官，他发动的清教徒革命不仅在英国历史上，在欧洲历史上也占据着重要的位置，而他自己就是一名虔诚的清教徒。

克伦威尔家是在英国国王亨利八世解散修道院以后，因受到资助而得势力的基督教新教家庭。克伦威尔的清教徒背景就是因为受到了家庭，以及他曾经就读的学校里的反天主教运动的影响。而且，上流阶层的身份也强化了他的宗教信念。

1628年，克伦威尔在自己的家乡当选为议员，但是后来由于当时的国王查理一世解散了议会，所以他没有机会有任何作为。克伦威尔正式登上历史舞台是在1640年。查理一世的政治失误遭到批判，在持续到1653年的长期议会中，克伦威尔逐渐崭露头角。克伦威尔的威望得以稳固，不是因为议员的身份，而是因为他还担任了军队的指挥官。

在1642年爆发的英国内战中，克伦威尔率领一支名为"铁骑军"的队伍，在与托利党的战斗中多次取得胜利，并因此而

优秀的军事指挥官奥利弗·克伦威尔

声名大噪。他保证军队供给，提高士兵的待遇，从而得到了士兵们的信任。系统的训练，再加上克伦威尔卓越的统率能力，让他的军队成为一支胜利之师。

最后，英国内战以辉格党的胜利告终，而胜利的真正功臣也就是军队，却在议会的权力争夺中被抛弃。这让克伦威尔对议会感到非常失望，于是他率领自己的军队离开了伦敦。这一举动也显示出了克伦威尔决断的性格。后来，查理一世与托利党积聚力量想要发起反击，议会方面不得不将克伦威尔重新召回。在英国内战中战败的查理一世被处死，而克伦威尔的声名也达到了顶峰。1653年，克伦威尔就任护国公，在英国开启了全新的共和制时代。就任护国公后的克伦威尔推行法律改革，确立清教徒秩序，采取宗教宽容政策，振兴教育，取得了成功。而且，他还放眼海外，在多次的远征中获得胜利，让英国的力量在国际社会中得到了强化。1658年，克伦威尔因病离世，短暂的共和制也就此落下帷幕。

历史上，克伦威尔也被看作是残暴的独裁者，是个冷血的人。实际上，克伦威尔是一位深得部下信任的优秀军事指挥官，而且他对于宗教的态度也非常宽容，是一个非常热爱祖国的人。

克伦威尔统率的铁骑军

第8章 政府的目的和形式

人们为什么脱离自然状态,而成立共同体呢？

洛克对这个问题的回答简单明了。

在自然状态中,人们虽然享有权利,但这种享有是很不稳定的。

存在着不断受到别人侵犯的威胁。

孩子们,外婆回来了!

看看这个。

快滚开,你这个大灰狼!

152　洛克的政府论

任何人都不愿意自己的自由受到限制。

同样，也没有人愿意自己的安全与财产受到侵犯。

小心不要让别人发现……

想要保护自己的财产、自由和幸福，是人类最基本的需求。

抓小偷！

因此，即使要交出自己的部分权利，人们也还是愿意组成共同体，以此来保障自己的安全与财产。

你被捕了！

呜呜 呜呜

那么，为什么在自然状态下人们的安全难以得到保障呢？

那家伙想吃我们。

洛克指出，自然状态存在着三大缺陷。

第一个缺陷，在自然状态中没有既定的法律。

所谓既定法律，是以经验和历史事实为基础制定的，由全社会共同接受并实行的法律。

是裁制一切纠纷的共同尺度。成文法、习惯法、判例法等都属于这一类。

在自然状态中虽然存在着自然法，

自然状态中有一种为人人所应遵守的自然法对它起着支配作用，而理性就是自然法。

真正的法律（自然法）是渗透到所有人内心的正确的理性。

西塞罗

亚里士多德

自然法在任何地方都具有相同的效力。

第8章　政府的目的和形式　153

但是，大部分的人对自然法并不了解，甚至是茫然无知。
自然法？那是什么东西？
是关于自然保护的法律吗？
虽然的确存在自然法，但其内容并不明确。
在同类事件或是类似的情况下，法律做出的判决应该是一致的，
法
本判决是依据《宪法》第×条……
但在自然状态中，却可能会出现一些不合规则的、出乎意料的判决。
比如，对于一些与裁判者的朋友或是亲戚有关的事件，会怎么样呢？
舅舅……
这时候，还能够像对待与自己毫无关联的人那样，做出冷静公正的判决吗？
第二个缺陷，洛克认为，在自然状态中缺少知名和公正的裁判者。
砰
砰
前面曾经说过，一旦触动到彼此之间的利害关系，
耶，这头鹿是我的了！
你说什么？！
人们总是会偏袒自己，所以是难以做出公正判断的。
吵吵嚷嚷
你在胡说什么，
这头鹿明明是被我用石斧打倒的。
是我的石斧先打倒的。
在这种情况下就需要能够做出公正判决的人。
恐惧
趁机快跑……
砰…

第8章　政府的目的和形式

洛克的政府论

努力去构建共同体，也就是社会。	人们建立社会的最重要的目的，就是为了实现"财产的保护"。
找到与自己想法一致的人，然后构成一个政治社会。	

所谓财产，指的就是钱吗？	准确地说，财产是指生命、自由，以及资产。	所以洛克又被称为"自由主义"的创始人。
当然不是，金钱并不代表财产。		在经济上，自由主义主张为了资本的无限积累，必须要将基础放在市场的自我调节能力上。

说的更通俗一些就是，人们只要具备足够的能力并付出努力，	就能不断积累财富。
嘿嘿 从现在开始，全世界的人都会使用我们新开发的电脑操作系统。	恭喜您，荣登世界财富榜首位，请说两句吧……

即使是法律和制度，也不能剥夺这种自由。 这正是我的想法。	大家对这句话怎么看呢？ 这还用说吗？ 靠自己的能力成为首富，没有问题呀。

第8章　政府的目的和形式

但是，这个问题却包含了一个非常重要的争论，那就是自由与平等的问题。

自由 平等

因为，如果按照自由主义的主张，将所有的一切都交给市场自我调节的话，

看不见的手

就会导致贫富差距的问题。

干杯！ 干杯！

如果贫富差距持续下去，就会让社会变得不稳定。

贫穷的人会难以正常行使自己的权利。

还不赶快收拾东西走人！

稽查

破坏市容

而有钱人显然会努力去维护对自己有利的法律和制度，

我们没有什么好担心的。制定法律的政治家任何时候都会站在我们这一边的。

那是当然了！

所以最终富人一定会掌握权力。

警察 警察 警察

这样一来，穷人就会产生不满情绪，并要求改变这种状况。

抗议 抗议

再这样下去，根本没法活了。

我们也有权利活得像个人！

政治应该为百姓服务……

对于这一问题，洛克的想法过于简单。

过分的担心是多余的！

158　洛克的政府论

因为人们只会要求得到他们所需的，所以不用过分担心。太天真了。	但是事实却不是这样的。	随着货币的出现，人们可以积累无限的财富，哎哟——好沉呀。
贫富差距已经与洛克生活的年代不可同日而语了。谁会想到货币竟然能如此发达？		对于这个问题，洛克并没有进行详细的论述。到底为什么要这样草草地处理这个问题呢？啊，这个嘛……
因为我当时是站在弱者的立场上，所以只注意如何去驳斥那些比我更强大的力量。		嗯，也就是说，你从来没有考虑过那些比你更弱的人的立场。不管怎样……
洛克先生你知道吗？正是由于这个原因，所以才会有那么多人批评你的著作。真的吗？	《政府论》虽然意义深远，但是对于这个部分的论述，我觉得很遗憾。	如果洛克能更多地考虑一下那些比自己更贫困的人，也许《政府论》会发出更强的光芒。嗯……这个问题就到这里吧，我们快回到正题上吧。

第8章 政府的目的和形式

洛克认为，人类建立社会与政府，可以解决前面提到的自然状态下的那些问题。
人们放弃了曾经在自然状态下享有的权利，
脱光光去游泳，也没人会说什么。
那种自由还是不要吧。
将自己的权力交付给一个领导者。
咔啦
而接受了权力的领导者只能依照社会既定的法律去使用这种权力。
好了，现在请告诉我，我能行使哪些权力。
唰啦啦
等等，我要先看看法典……
法律是立法机构制定的，而为了让大家能够遵守立法机构所制定的法律，就需要任命一个公正的裁判官。
哦，这不是和我们现在的国家形式差不多吗？
洛克认为，领导者所拥有的权力和势力，
只能是为了维护人民的和平、安全和幸福使用。
哎哟
我也同意洛克的看法，可是……
别出怪声，请沿着线一直走。
怎么样？这难道不是最理想的政府形式吗？

针对相反的情况，洛克提出了公民抵抗权的概念。

这部分内容后面还会有详细的说明。

最终，最重要的权力交给了制定法律的集团。

因为任何一个共同体的成员都必须要遵守法律。

这是构成共同体的人们都同意的最重要的原则。

我将这种权力称为"立法权"。

也可以说是重要的"制定法律的权力"。

国家或者政府必须要通过法律进行统治，这就是我们常说的法治主义。

英国宪法的基本原则是"任何人都只受法律的约束"。

当然，"主权者也必须要服从法律的约束"。

哼……

洛克提出，政府的目的就是要保护每个成员的和平、安全和福利。

认同这一目的的人们，将自己本来享有的自然权利，

这里所说的权利，指的是可以自我保护，并惩罚他人的权力。

转移给自己同意的人或者集团，这就形成了政府。

值得信任的守护者，安全的国家。

那么，政府的形式都是一样的吗？

不是不是，不是那样的！

刷

第8章　政府的目的和形式　　161

洛克是按照立法权的归属来区分政府形式的。

民主政体、寡头政体、君主政体……

共同体的法律由大多数人来制定，

并基于大多数同意委任一些人去执行法律，这就是民主政体。

选谁好呢……

这与现在许多国家的政府形式非常类似。

民主政体将政治活动与舆论结合在一起，力求使其正当性得到认可，所以也叫作"舆论政治"。

就像"人民的声音就是神的声音"吗？

将这种权力转移给选定的少数人，或者其继承人，这就是"寡头政体"。

寡头政体？

好像在哪里听过这句话……

寡头政体是在古希腊的政治变革中出现过的一种政治形式。

这种形式就是由几个人分享权力，统治国家。

寡头政体（oligarchy）这个词来源于希腊语中的oligo（少数）和arkhos（支配）。

寡头政体指的是一种特定的统治形式，含义则来源于拥有权力或行使权力的人或集团的数量。

如果是由一个人掌握权力，那就是君主政体。

君主，是代表着国家的人，担负着统治权的重要部分以及行政权，是国家的象征性人物。

洛克的政府论

君主政体一般是一种世袭君主制，就是权力会由其子孙继承。

然后我是国王。然后是我。

简单地说，就是国王将权力传给了自己的儿子。

和以前不同，现在君主已经不再掌握实际的权力，而只是一种象征而已。

英国女王伊丽莎白二世

如果是另一种情况，由多数人来选举出继承人，这就是选任君主制。

咔嚓

下一任国王要通过选举产生。

嗯？

这些形式看上去很复杂，但实际上常见的大致可以分为两种。

一种是共和制，另一种是君主制。

以韩国为例。韩国宪法第一条中规定，韩国是民主共和国。

① 大韩民国是民主共和国。
② 大韩民国的主权在于国民，一切权力都来自国民。

民主共和制，指的是立法权、行政权、司法权三权分立的政治形式。

共和制的概念与君主制的概念是相对的，参与国家管理的代表是由国民通过投票选举出来的。

总统

而君主制则是将这三种权力都集中在一个人手中的政治形式。

哈哈哈，这样一来我就可以为所欲为了。

立法权 司法权 行政权

在洛克的那个年代，对于共和制和君主制的争论非常激烈。

上帝赋予了人类的祖先亚当以支配其家人和子孙的权力，按照长子继承的原则，这种权力代代相传，这就是王权至上的原因。

在议会和行政机构的关系中，议会是占据首位的。

第8章 政府的目的和形式

前面我们曾经提到过的托利党和辉格党，在是否承认专制君主，是否承认立法机构的独立性等问题上，双方的态度是尖锐对立的。

呃呃呃

当时的欧洲，大部分国家都是君主制，

所以洛克关于共和制的这种思想是相当激进的。

这个危险的家伙，一定要严密监视……

当然，并不是只有洛克一个人主张这种思想。

提到三权分立，当然不能不提我孟德斯鸠。

孟德斯鸠出生于法国的波尔多，是著名的法学家和启蒙思想家，他提出"任何人都不得凌驾于法律之上"，此外还提出了法治和三权分立思想。

我的三权分立思想，是在洛克《政府论》的基础上提出的。

政府论

洛克认为，立法权和行政权要分开，而司法权则是属于行政权范围内的。

实际上在当时，司法权的概念还很不完善。

除了立法权和行政权，孟德斯鸠还提出了当时人们不太关注的司法权。

立法权、行政权和司法权三权分立。

因为孟德斯鸠本人就是一名法官。

164　洛克的政府论

现在，大多数国家都采用民主制。

那英国还有女王呢？

那叫作君主立宪制国家。

重要的是，我理解的政府就只能是"民主制"的。

洛克认为，构成社会时人们已经约定了少数服从多数的原则。

嘎吱

因此，少数服从多数就成为社会的基本原则。

啪

51%同意！

如果不遵守少数服从多数的原则，那么人们就跟在自然状态下没有区别了。

我反对！

但是，也确实有人会对此提出不满。

禁止吸烟

比如说，抽烟的人不同意设定禁烟区这一法规，他认为自己可以在任何地方吸烟。

禁止吸烟

喀喀

喀喀

这个人的要求是正当的吗？

同意那项法规的人自己遵守不就行了吗？

构成社会，并且自己的安全在社会中得到保障，

呼

着火了，着火了，快来帮忙！

救命啊！

第8章　政府的目的和形式　　165

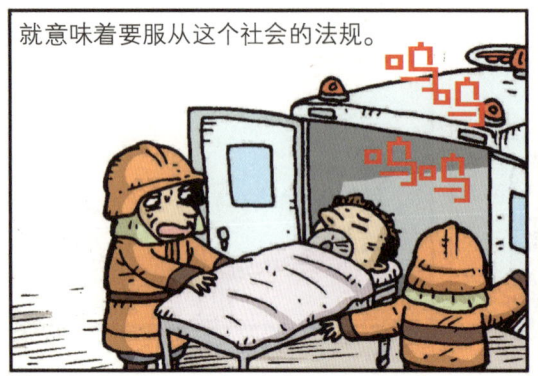

就意味着要服从这个社会的法规。

想想看，怎么可能所有的法规都逐一去征得每个人的同意呢？

那样的话，公务员一辈子的工作就是去征得国民同意的签名。

啧啧，辛苦了。

对于很多法规，肯定会存在持反对意见的人，

请在这里签名……

签什么名！我反对这个法案。

也会有人漠不关心。

请在这里签名……

我没兴趣，去别家吧。

在洛克看来，社会本来就是由多数人引领前进的。

嘿哟，嘿哟……

因此洛克认为，如果否定这个原则，那么这个人就不是一名社会成员了。

不是社会成员？那又怎么样？

不遵守少数服从多数原则的人就应该离开社会，回到原始的自然状态。

让我去那种地方？

哇呜……

那样的话，只能自己保障安全，依靠自己的力量生存。

在这里我不是可以想干什么就干什么吗？

哦，我知道了。

从现在开始，我会遵守法律的……

洛克的政府论

也许你曾经有过这样的想法，离开社会，过自由自在的生活。

我要去寻找自由。

在那里，再也不必受到任何束缚。

真的能那样吗？

来到无人岛以后，才明白了国家的重要性。

也有人对国家抱有否定的态度。

所有的权力必然都是一种恶！

破坏的同时也是一种创造！

蒲鲁东*

巴枯宁**

他们认为，要想最大限度地保障个人的自由，就不能存在国家。

他们认为国家是束缚个人自由的一种存在形式。

这种观点也叫作"无政府主义"。

国家

*皮埃尔·约瑟夫·蒲鲁东：法国小资产阶级思想家，无政府主义创始人。
**米哈伊尔·亚历山大罗维奇·巴枯宁：俄国沙皇时期的革命家，无政府主义者。

但是那样就必须要放弃掉现在大家所享受到的一切，这其实是很困难的。

比如说，都要放弃什么呢？

水、电力、学校、医疗保险等。

怎么样，这些能放弃吗？

怎么回事？怎么突然没水了？

啊……迷眼睛了……

关于这个问题，洛克的思想也存在一定的偏颇，那就是过度强调了少数服从多数的原则。

第8章　政府的目的和形式

只强调多数人的决定，或者一致性，而对少数人的关注不够。

等……等一等，我……我反对……

我坚持认为，多数人的决定，在任何时候都是正确的。

但这样的想法一定对吗？

难……难道少数人的意见是对的？

关于少数服从多数的原则，有这样一个讽刺故事。

喵呜

在一所小学，老师在学生们面前放了一只猫，然后提出一个问题。

同学们，这只猫是公的，还是母的？

一位同学这样回答。

老师，让我们来投票决定吧。

你说什么？

很多正确答案，都不等同于是多数人的意见。

伽利略·伽利雷

只有你一个人是那么认为！

少数服从多数的原则，的确存在这样的弊端。

不管怎样，地球确实是在转动的。

旋转

168　洛克的政府论

对于这些细节的内容，洛克并没有做出说明。
啊，这个，因为我也不可能是个完人嘛……
洛克所提出的政府是为了国民而存在的。
总统
我将遵守宪法，保卫国家，为祖国的和平统一，为国民的自由和福利的增进及民族文化的繁荣而努力……
政府最重要的目的，应该是保障人民的财产和安全，让人民获得幸福的生活。
唰
正是为了达到这样的目的，才会制定法律，建立军队。
MP
MP
人民放弃自己的部分权利，建立国家，就是希望能够获得幸福的生活。
人民推选出伟大的领导者，然后把自己的权利委托给他。
按照少数服从多数的原则选出领导者。
但另一方面也要限制领导者的权力，即使是领导者，也不能违反法律。
有时候法律也不能限制我的权力，嘿嘿……
我认为，将基础建立在法治主义、少数服从多数、共和制、民主制、自由主义之上的政府，才是理想的政府。
好，现在让我们仔细去了解一下我心目中的政府吧。
噔噔

孟德斯鸠的政体观

孟德斯鸠

孟德斯鸠将政府的类型分为共和政体、君主政体、专制政体三种。分类的依据是谁掌握主权，以及实施权力的根据是什么。

共和政体指的是，权力由全体或部分人民掌握，政府要根据法律行使权力。孟德斯鸠又将共和政体分成民主制和贵族制。民主制是全体人民掌权的政府，贵族制则是由少数人掌权的政府。而君主政体，虽然是由君主一个人掌权，但是在行使权力的时候也要以法律为依据。专制政体君主在掌权方面与君主政体相同，但在行使权力方面则存在差异，它不是以法律为依据，而是依靠君主个人的判断而为。

孟德斯鸠还提出了维持各类政体的基础。共和政体靠品德，君主政体靠荣誉，而专制政体则是靠恐吓。作为共和政体的基础，品德的含义不是在道德方面，而是指的尊重法律，为整个社会献身的精神。

在需要人人参与的共和政体中，每个个人都应该具有为整体献身的主人意识，这时候必须要特别小心，防止出现不平等。因为，如果感到不平等的人越来越多，那么主人意识就会消失，为整体献身的精神也会消失。

维持君主政体的基础是荣誉，指的是对于自己身份的一种尊重。在君主政体中，贵族的作用非常重要，他们是联系君主与百姓的纽带。君主利用贵族的荣誉心理进行政治统治，这是一种非常重要的统治基础。当然，让贵族们得到更多的肯定，获得更高的地位也非常重要。而且，贵族还要发挥制约君主的作用。只有这样，君主政体才不会变质成专制政体。

专制政体指的是君主独占权力，而法律不具备任何意义的政府形态。只有君主的力量特别强大时，才能维持专制统治。而君主为了能独占权力，连贵族的力量也必须压制。君主要通过各种方法来显示自己的力量，必须要让人们感到恐惧。只有这样，才不会有人向君主发起挑战。专制统治下的国民就如同奴隶一样。专制君主要求国民绝对服从，不给予任何个人自由意志。因此，专制统治下的国民会慢慢变得麻木，而只想获得身体上的平安。

孟德斯鸠在《论法的精神》中分析了政体的类型，并对理想的政体形态提出了自己的意见。孟德斯鸠对英国有着深厚的感情，被认为"比英国人更了解英国"，特别是在英国的权力分立方面产生了很大的影响。他主张必须将立法权、行政权、司法权三权分立，才能保持制约和平衡，其三权分立思想已成为现代国家的基本原理。

第9章 论立法权的范围

现在大家应该已经知道，人类为什么要建立社会，并生活在其中了吧？

这个嘛……

好像还是不太明白。

请再解释一遍吧。

简单地说，让自己的财产得到更安全的保障，是组成社会的最大原因。

基于类似的理由，一些动物也会组成社会。

这里所说的财产，是指生命、自由和资产。

那么，只要组成社会，就可以安全了吗？

172 洛克的政府论

要想保障安全，有一点是必需的，是什么呢？

警察？保镖？监察官？还是超人？

当然，这些人都有能够保障安全的装备和工具。

发生情况以后，警察会在3分钟之内赶到。

他们都是依据什么展开工作的呢？

嗯，这个……

这个当然是法律了。

没错，可以说只有法律，才是保障人类安全的最重要的工具和手段。

洛克认为，自然状态下那些威胁到人类的各种矛盾，

鹿是我打倒的。

你还要我说多少次？是我的石斧先打倒的！

已经翻过去好几页了，怎么还在吵？

大多是在自然法不明确，或者人们不了解自然法的情况下出现的。

这时候应该怎么办呢？

你们……

为了解决这个问题，人们集中在一起协商的结果，就是制定法律。

为了避免以后再出现这样的问题，我们应该先明确怎样处理这种情况。

好的。

大家可以联想一下足球比赛。

第9章　论立法权的范围

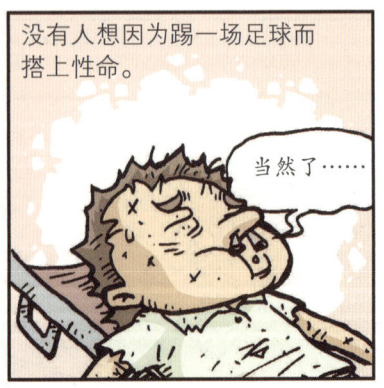

现在，我们在进行足球比赛的时候，都比较轻松和开心。

传到这边！ 来啦！

是因为其中存在着很多的规则。

每项运动都有它的规则。

足球规则

比如不能手球，

哇，挡住了！ 你干吗？ 你又不是守门员！

不能越线，

嗯，这里竟然没人防守。 你在干什么！

不能用手肘攻击别人，等等。

哎哟！

另外，除了规定的着装，也不能穿戴其他服装和装备参加比赛。

进攻！ 那个家伙……

如果没有这些规则，足球比赛也就失去了乐趣，甚至还会成为一项危险的游戏。

完全是胡闹嘛。

在足球的发源地英国，甚至还曾出现过因为没有规则而在比赛中导致人员伤亡的事件。

你敢用脚踢我？ 那是正当的铲球！ 救命啊！ 这不是运动，这是一场战斗。

没有人想因为踢一场足球而搭上性命。

当然了……

174　洛克的政府论

社会也是一样的。

人们聚集在一起生活，总会发生各种各样的情况，

这时就会出现矛盾和摩擦。

你为什么要突然停车？

你不知道应该保持安全距离吗？

如果在法律中明确规定应该如何解决这样的问题，就可以将矛盾和摩擦最小化。

按照道路交通法的规定，这种追尾事故……

因此可以说，立法权，也就是制定法律的权力，是一个国家最重要的权力。

因为法律可以对所有社会成员发挥强大的力量。

无论这个人是谁，都必须要依法行事。

那么，如果是国王犯法了呢？

竟然以法律之名逮捕我，真是太放肆了！

那人们就没有必要继续在这样的社会形态中生活了。

竟然如此无视法律，任意而为！

太专横了！

第9章　论立法权的范围

社会本来就是人们为了让自己的自由和财产得到更安全的保障，而放弃了自然状态下的自由建立起来的，

熙熙 攘攘

如果存在不服从法律的人，那么这种社会可能还不及自然状态。

还是没有社会之前的日子更好些。

洛克通过这种主张，提出了法治主义的原则。

就是说，即使是君主，也不能违背法律。

当时的国王听到这样的话，心情肯定会很糟糕的。

詹姆斯二世

我的心情怎么会好！

洛克却多次强调，立法权应该高于王权。

我再强调一遍……

知道了，不要再说了！！

呃呃

大家听说过所罗门王的审判吗？所罗门王是以色列的第三任国王，他曾在梦中向上帝祈求智慧。

这是一个歌颂所罗门王智慧贤明的故事。

这是我的孩子。

你胡说。

呜哇

但如果换个角度看，也可以算是个让人无奈的故事。

唰

这有什么难的。

让我来帮你们把这个孩子分成两半，一人一半。

因为不清楚到底是谁的孩子，所以就要用刀将孩子砍成两半，这样的国王，是不是也太荒唐了？

太过分了吧。

分明就是虐待儿童嘛。

看吧，我总会有办法的……

176　洛克的政府论

但是从这个故事中，我们却可以明确地看到，当时的国王拥有着怎样的权力！
总之一句话，国王可以完全按照自己的意愿去说去做，就是说，国王的权力比法律更大。
太可怕了！
洛克那个时代的托利党，特别强调像所罗门王那样的绝对君主的必要性。
为了证明这是错误的，洛克则特别强调法律。
无论怎样，国王都不能凌驾于法律之上。
在英国历史上，国王与议会成员之间的矛盾和冲突一直没有间断，
呃呃
所以洛克站在拥护议会的立场上，当然要强调立法权。
政府论
“立法权”三个字应该印得再大一些。
大家还记得《大宪章》吗?
前面曾经提到过的《大宪章》，相当于加在英国国王们身上的枷锁。
呃啊
大宪章
就是因为这个，我什么都干不了。
但这是国王自身的错误而导致的，所以只好勉强接受。
只犯了那么一点小错，就要受到这样的侮辱……
真是一点小错就好了！
向贵族征收重税。
跟教会对着干……
所犯错误三天三夜也说不完。

议会通过法律限制国王，
有没有什么办法能大幅增加税收，又不会受到议会干涉呢？
什么？
国王如果无视议会和法律，议会成员就会喊出这样的口号。
大宪章！
大宪章！
磨蹭
知……知道了。
但是必须要知道，虽然法律拥有最强大的力量，同时也要受到一些限制。
第一，对于国民的生命和财产，立法权不是绝对专断的。
因为立法权只是社会成员将曾经在自然状态下享有的权利，
交给立法机构或者立法者。
所有国民都交出来了。
因此立法机构不能拥有多于国民曾经在自然状态下享有的那些权利。
在自然状态下，每个人都拥有自由、和平、平等的权利。
没有人享有对他人的绝对专断权。
而且，在自然状态下，一个人绝对不能随意支配另一个人的财产和生命。
任何法律都不具备超越自然法的规范，
自然法
现行法律

也不能限制自然状态下人类享有的其他权利。
法律
哎哟
一旦违背自然法，人类就会被自己制定的法律害死。
我动不了了。
因为组成社会的目的，只是要保护每个成员的生命和财产，
吱吱吱
帮帮我！
如果不能实现这样的目的，那么还不如重新回到自然状态中。
第二，立法权不能是即兴的或是专断的。
我们不是说过吗，放弃自然状态下的自由，组成社会的最重要的原因，就是为了自己的安全和幸福吗？
但是，如果统治者或少数人按照自己的意愿去解释法律，
陛下，那样做是违法的……
哼，总想以这样的理由阻挡朕……
任意行使自己所掌握的权力，人们就没有理由继续从属于这个社会了。
这还不简单，按照我的意思修改法律不就行了？
这像话吗？！
这样一来，反而会变得比自然状态下更危险。
在自然状态中，每个人与威胁自己的人，不过就是一对一的关系，
是想跟我较量一下吗？

但在构成社会以后，如果拥有绝对权力的人威胁到个人，个人则完全无法防御。
竟敢对抗政府？
POLICE
即使是统治者，也只能在依据法律的前提下，才能使用权力。
让我用刀把这孩子分成两半……
你这样做有法律依据吗？
第三，立法机构或立法者不得随意掠夺任何人的全部或部分财产。
洛克认为最重要的就是财产的保障。
这或许是我的上流阶层出身的缘故吧。
就像前面说过的，人们要建立一个可以保障自己财产的社会，
我的财产可以受到法律保护了。
如果统治者或者拥有强大权力的人可以随意掠夺个人的财产，
唰
国王不必受到法律约束。
什么！
我的钱……
那样还不如回到自然状态，说不定会更好些。
哪有这样的法律……
那么，是不是也可以不缴纳税金呢？
哼
那不也是掠夺我的财产吗？
我绝对不会缴税……
对于税金，洛克是持肯定态度的。
要想维持这个国家，就需要巨大的经费。
把税缴了不就没事了嘛。
不缴税就查封我的财产吗？
查封
查封

可以明确的是，征收税款也必须要通过法律才能确定执行。

根据我们的地方税法，只能走法律程序了。

啊！

也就是说必须要征得大多数社会成员的同意才可以。

人们不会制定对自己不利的法律，所以依法征税是会获得全体同意的。

国税厅 推行开放透明的税务制度

第四，立法机构的立法权绝对不能转让给其他人或是集团。

啪

洛克认为，制定法律的权力只是社会全体成员委托给立法者的权力。

就好像把钱存在银行一样。

因此，原本的主人还应该是人民。

虽然把钱存在了银行，但是钱本来的主人还是我。

因此，除了人民选举出的，或是得到人民肯定的人，

啪

立法权是不能转移给其他任何人的。

制定法律的权力，只属于人民。

建立什么样的政府，以及通过什么样的形式转交权力，都应该由人民自己决定。

为了决定这些问题，就需要进行投票。

投票箱

第9章　论立法权的范围

议会只是得到人民权利的委托，可以在确定的一段时期内代替人民去制定法律，
人民的勤务员
请投我一票。
不能让议会成员和国王相互勾结，随意制定出有利于自己的法律，
这样不是很好吗？
哼哼哼
嘿嘿嘿……
甚至是将制定法律的权力全部交予国王。
好啊，只要给我们足够的回报，我们就会把制定法律的权力全部交给你……
绝对不可以！
我讲的关于法律的思想，大家现在都了解了吧？
砰砰
洛克在解释法律的目的和特点时，特别强调了这样一点，那就是立法权来源于人民。
而不是国王或议员……
立法机构的那些人，一旦完成法律制定，
就要重新分散成为人民的一员，以便接受他们自己制定的法律的约束。
你知道我是谁吗？
我是负责国家立法的国会议员……
不管你是谁，超速都要罚款。
在阐述法律特点的时候，洛克还特别批判了当时英国国王的专制。
《大宪章》与《权利请愿书》等都是为了防止国王的专制统治。
哼哼
那些无视法律，或者将法律修改成对自己有利的国王们，
谁……谁？

对于历史上产生的这些法典都感到非常愤慨。
英国诗人乔治·戈登·拜伦
谁把法律当儿戏，谁就必然亡于法律。
啧
对于现在的人们来说可能感到难以理解，但是在洛克的那个时代，这样的事例却有很多。
现在当然没有那种事了……
比如查理一世，他就自行决定发动战争，
我想了一下，最好还是跟西班牙开战。
还是再慎重一些吧……
并要求议会提高赋税，以便筹集军费，
到底怎么回事？为了这种对英国没有任何好处的对外政策，竟然要掏空国库……
因为在《大宪章》中有着相关的规定。
我是按照这里所写的要求得到议会的通过，你们为什么要发火呢？
真是太无耻了……
对战争持反对意见的议会派，当然会拒绝国王的要求。
未经议会通过，国王不得强行征税。未经依法审判，任何人不得被逮捕、监禁……
那是什么？
这是《权利请愿书》。
被激怒的国王干脆解散了议会。
我才不需要这个东西。我也不需要得到议会的帮助，你们干脆解散好了。
于是，在长达11年的时间里，英国处于一种没有议会的状态。
可以说，查理一世是一名专制君主。
哈哈哈，以后我就是魔戒的主人了……
不对，应该叫专制君主。

之后查理一世开始任意妄为，对于不服从自己的人则采取武力镇压。
发抖
最终，成了“人民的公敌”，他是英国历史上唯一一位被公开处死的国王。
洛克认为，为了防止再发生这样的事情，就必须要依靠法律来进行统治。
哎哟
法律
啊，好沉！
他认为问题的根源在于君主专制统治，
国王就是神。
所以立法机构必须要拥有最强大的权力。
法
国王或者统治者也必须要受到法律的限制。
在这个范围里你可以自由行动。
通过后来发生的光荣革命，洛克的这一主张得以实现。
1688年英国发生的推翻专制君主的公民革命，因没有流一滴血，所以被称为“光荣革命”。
砰
光荣革命之后，国王的权力受到限制，
国王詹姆斯二世在光荣革命中被驱逐之后，奥兰治的威廉亲王（威廉三世）接受了托利党和辉格党的邀请，来到英国，成为国王。
议会则掌握了实质性的权力。
威廉三世将英国内政全部交给了我们议会。
经过一段时间之后，议会就要重新选举，这样可以防止滥用权力或错误使用权力。

另外，洛克对于权力的过于集中，也感到忧虑。

无限的权力会让统治者堕落。
——英国政治家 威廉·皮特

正如前面所说过的，制定法律的人所拥有的权力太大了。

所以他认为，制定法律的机构，也就是议会，没有必要长期存在。

因为通过短期的讨论研究就可以制定出法律。

哈哈，不到20分钟，我就提出了87个法案。

这也太……

比如现在的韩国，在一年中有定期国会100天，临时国会30天。

当然也可以根据需要多次召开临时国会。

韩国的临时国会，是当总统或四分之一以上国会现任议员提出要求时，或是四分之一以上现任议员要求进行国情调查时，就可以召开。

按照洛克的想法，制定法律的工作完成以后，立法机构就完成了它的任务。

要做的事情都做完了，现在我……

不对，不对，那样是远远不够的。

制定法律的人在经过了一定时期以后，就要重新成为普通国民。

为什么一定要那样呢？

第9章　论立法权的范围　185

因为如果让他们长时间从事制定法律的工作，他们就会想制定一些对自己有利的法律。

这么说，我们岂不是掌握了很大的权力？

甚至比国王的权力还大。

洛克很担心，制定法律的人会努力让自己从法律的限制中脱离出来。

下次一定要修改法律，让我们能轻松地翻过这道墙。

好主意！

因此他认为，任期满后，必须要让他们重新成为普通国民。

因为只有这样，他们才能站在普通国民的立场上去制定法律。

简单地说，制定法律的权限应该是轮流的，只有这样，才能制定出公正的法律。

死水很容易腐败变质。

在韩国，议会是四年改选一次。

怎么样，这些内容是不是曾经在哪里听到过？

哦，是吗？

在哪儿听过呢？

《政府论》也是制定《美国宪法》的重要理论基础。

除了美国的宪法，它对美国的独立运动、法国大革命也都有着深远的影响。

韩国的宪法则是以《美国宪法》为基础制定的，

韩国1948年建立政府，同时颁布宪法。

因此，韩国的政府形式当然也是符合洛克的思想的。

洛克的政府论

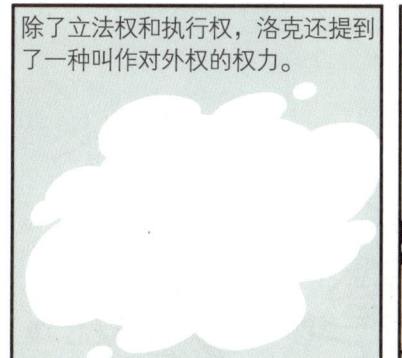

实际上，现在许多国家都采取类似的政府形式。

嘿嘿，现在你们知道我有多伟大了吧！

那么，难道国王就只是法律下的傀儡吗？

啊，啊！

咯咯

当然不是。制定法律固然重要，遵守法律也同样重要。

而这种让人们遵守法律的力量，洛克将它称为执行权。

要让违法者无处落脚。

执行权，指的是诸如抓捕犯人，

不许动！

或者追缴税款等国家常规采取的行动。

除了立法权和执行权，洛克还提到了一种叫作对外权的权力。

对外权指的是与其他国家之间战争与和平、合作与联盟等一切事务的权力。

合作愉快！

在这里，对外权和执行权是两种完全不同的权力。

第9章　论立法权的范围

洛克认为，执行权是依照国内的法律对国内成员采取行动，
既然来到罗马，就要遵守罗马的法律……
对外权则是指对外处理公共安全和利益的事项。
因为是国家与国家之间的条约或协议，所以有时会出现超越国家内部法律的情况。
所以有时就会发生不平等条约。
构成社会的同时，人们放弃了自然状态下的自由，
现在我们都已经进化了。
就是说成为社会人。
这个叫衣服的东西实在是太累赘了……
接受社会的法律，并获得安全的保障。
不遵守法律的人必须要受到惩罚。所以，我一定要守法……
但自然状态依然还是存在的。
那就是国家与国家之间的关系。
噔噔噔
想想看，如果国家与国家之间发生冲突，应该向谁去申诉呢？
嗖
轰隆
咚咚
这时候，对外权的概念就登场了。
与我不同，洛克将权力分成了立法权、执行权和对外权。
而我则是分为立法权、行政权和司法权。
孟德斯鸠
对外权规定的是，在国家之间需要做出协议的时候，谁对此负责，以及怎样缔结协议等。
你要对战败负责。
啊？

第9章　论立法权的范围

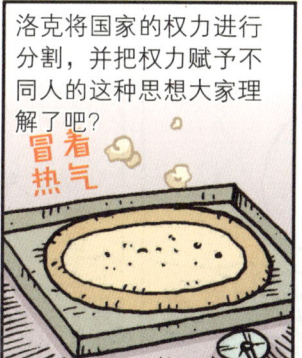

所以，制定法律的权力当然就成了最高权力。
剩下的权力，也就是执行权和对外权都是从属于立法权的。
什么？那就是说，议会要高于国王？
但是，如果拥有立法权的人想要按照自己的意愿随意去行使这种权力，那又会怎么样呢？
唰
唰
让我随便挥一次吧。
对此，洛克的立场非常鲜明。
拥有立法权的人必须要牢记，这种权力是人民委托给他的。
知道了……
权力的原始主人应该是人民。
不是贵族或国王，也不是国会议员……
因此，洛克提出，当有人想把这种权力用于满足个人的私利，而不是服务于人民时，
最近我买了土地，要是能制定一项法律，有利于提高地价就好了……
要是能把国会议员的工资再提高一些就好了……
啊，好困……
饿了吧？
或是用于维护少数人的利益时，就应该将立法权重新还给人民。
咦，刀呢？
也就是说，立法机构的权力就会被收回。
在这种情况下，人民必须选举能够信任的人重新组成立法机构。
你们现在已经没有资格了，出去吧！
唰唰
哎呀！
这一点对于统治者也是一样的。
哼！

在必要的时候，可以将大部分权力都交给统治者。
陛下，如果您有什么愿望，只要摩擦这盏灯就可以了。
然后就会出现一个精灵，他能满足您的一切愿望。
哇噢，真的？
当然，统治者必须让人们相信，他会为了整个社会的利益而努力，然后才可以行使更多的权力。
这时候，所有的人都应该服从统治者的命令。
因为统治者现在是为了我们在做一些正确的事。
但是，当统治者开始为了满足自己的私利和欲望去行动的时候，
国库已经空了，必须要增加税收。
没有米饭，吃蛋糕不就行了……
人民那种服从的义务也会随之消失，
哇
把毁灭了法国的路易十六处死！
攻占巴士底狱！
噎
统治者也无法再继续得到拥戴。
最后，世界最著名的君主制国家——法国的国王，被他的人民处以了极刑。
发抖
发抖
现在，大家脑海中是不是已经有了洛克所描绘的国家的形象了？
它应该与我们所说的民主制国家的理想类似。
哇
我理想中的国家应该是这样的，国家的权力来自人民，所有人都遵守法律。

托克维尔的观察

民主制最重要的原则之一，就是少数服从多数原则。为了维护人们的自由和平等，国家的重要决定都应该依照少数服从多数的原则而确立。但是，并不是所有的人都赞成少数服从多数这一原则。法国大革命以后的欧洲，对于自由和平等的渴望越发强烈，托克维尔就是对此特别关注的一个人。他去美国旅行了9个月，对美国的民主制度做了深入的考察。他了解到，在民主制度下，自由和平等发生冲突时会产生的危险是"多数人的暴政"。

托克维尔认为，自由和平等发生冲突时，人们首先考虑的是平等。这是因为，与"不平等的自由"相比，人们更重视"不自由的平等"。对于平等的关注体现为每个人都在追求利益最大化。要想最大限度地追求经济利益，就必须要保障经济自由，就需要国家的法治措施。因此，与政治相比，人们更关心经济，而政治则交给了少数的精英。

托克维尔将之称为个人主义。对于个人主义，他是持坚决否定态度的。他认为，这会让每个人都只关注于经济利益的最大化，而对政治漠不关心，这样少数人集团则可能独占权力。因为，越是难以轻松

油画《自由引导人民》

做出判断的问题，越会有很多人想要依赖多数人的决定。这时，政治已经变成了只有少数人集团能够操纵舆论，任何事情都有可能变成"民主专制政治"。

被冠以舆论之名的不合理政策，因为是多数人的决定而无视合理的少数人，如果发生这种情况，那么社会就很可能会走上一个错误方向。所以，在现代民主制度中，通过少数服从多数的投票方式，难以反映出正确舆论的情况越来越多。因此，现在很多国家对投票方式进行着多种尝试。

亚历克西·德·托克维尔。他在《论美国的民主》一书中提出，民主制的根本就是对平等的渴望

第10章 论特权

那么,洛克是不是认为,完全限制君主的权力是最好的方法呢?

不是的,我可不那么想。

他提出了"特权"的概念,同时也肯定了君主的裁量权。

对于那些法律没有规定的情况,有时甚至与法律规定相抵触的情况,统治者依照自由裁处来为公众谋福利的权力,就称为"特权"。

那还用说。

听着不错。

公众福利指的不是个人的福利,而是国家或社会,甚至是整个人类的福利。

对于君主应该享有特权的理由,洛克的观点是非常肯定而明确的。

当然是因为国王是上帝的代言人……

啊!咔嚓

不是!因为他是为了公众谋求福利。

洛克的政府论

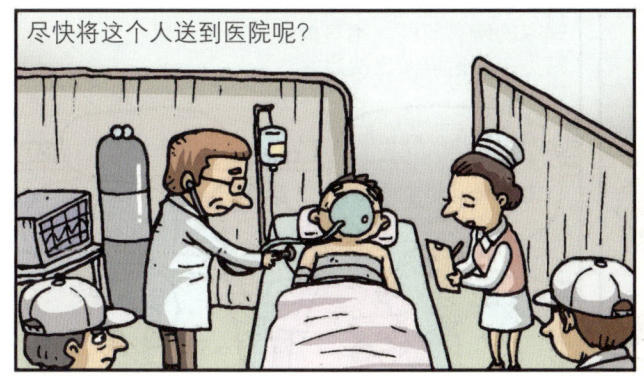

当发生紧急情况时，无论是重新制定法律，还是议会成员集中在一起进行讨论，都需要花费很长的时间。

> 报告说山火已经扩散到全国范围了。
> 那咱们这周末，一边打高尔夫，一边开会商量一下吧。
> 这周我没空，下周怎么样？

比如，现在有一个生命垂危的人，

> 发生交通事故了。
> 赶快打120。

为了救他，必须要分秒必争。

> 快点儿。
> 快！

如果他乘坐的救护车因为交通堵塞被耽搁在路上，

> 怎么办？还是红灯！

很可能就会因此使这个人失去性命。

> 还是晚了一步。

在这种情况下，是不是应该先不管信号灯和交通规则，

> 呜呜
> 人命比法律更重要！

尽快将这个人送到医院呢？

相信没有人会指责司机的这种行为。

> 是为了救人才这样做的……

第10章　论特权

洛克所说的特权，应该就是这类的。 真正的忧虑是直接民主制的低效率。 直接民主制，就是全体国民直接参与国家的决策，以及执行过程中。	如果每做出一个决定都要耗费大量时间，倾听全体人民的意见， 鸡蛋应该从圆的那头敲开吃。 不对，应该从尖的那头开始。
在有些情况下，就可能会消耗过多的费用，或是错失难得的机会。 唉，这么一点儿事情，竟然争了好几年。	这时候，将权力委托给君主或统治者进行英明决断， 吃煮鸡蛋的时候，大家可以想怎么吃就怎么吃。
反而有可能更有利于公众的利益。 哇！终于不用再为这件事争论了。	在现代人口不断增长的情况下，这类问题会越来越多。 熙熙 攘攘
所以，当前大多数国家采取的是间接民主制。 国民不能直接形成国家意愿，要通过其代表间接参与意愿的决定过程。	国家的所有问题，不可能逐一去征求每一位国民的意见，然后再做出决定。 我们想在市民公园里增加一个移动式卫生间，你觉得怎么样…… 我没意见。 这不是在浪费纳税人的钱吗？

洛克的政府论

所以，大部分的问题都要交给专家、政治家，或者负责国家事务的公务员，
这件事我可是专家。
只有在做出重大决定时，才会去询问全体国民的意见。
现在正在直播投票过程……
总统选举
但是绝对不能过分放大这种特权。
主张君主专制的人总会拿这种情况来加以举例，
到底为什么要让事情这么烦琐？
把所有的事都交给国王陛下不就行了。
认为应当把全部的权力都交给君主，但这是绝对应该禁止的。
我拥有无所不能的权力。
砰
哎呀！
砰
洛克所说的“特权”，并不是统治者自认为想当然就拥有的权力。
啊，当然我也认为的确存在贤明的君主。
贤明的君主，指的是那种具备努力为国民谋求福利与幸福的品德与能力的人。
这让我还真是有点儿难为情呢。
贤明的君主因为获得了国民的信任，所以在需要做出紧急判断的时候，
西班牙已经派出了无敌舰队，准备进攻我们。
这个？
怎么办？
就得到了更多的只依靠自己的判断做出决定的裁量权。
不必再谈判了，我们英国选择应战！
嗖

洛克认为，的确有像伊丽莎白一世那样的贤明君主。	伊丽莎白一世是一位深得英国民众尊敬与信任的伟大国王。 "我在位期间，就是英国绝对主义的全盛时期，呵呵……"
当时由于宗教摩擦，英国国内一直处于混乱的状态，为了改变这种情况，女王对于宗教采取了包容的政策。 "1559年，我恢复了之前被废除的《至尊法案》，这样就避免了罗马天主教廷的政治干涉。" "哼！"	为了国家的繁荣，她甚至任命海盗为司令官。 "从现在开始，你们要叫我司令官大人！" "哇，以后我们可以放心地当海盗了。"
在外交关系中，她也巧妙地避开了强国所带来的压力。 "因为英格兰的国力还远远不及法国和西班牙，所以……"	后来，英国逐渐成为一个强国，
最终，也就不需要再增加国民的赋税。 "伟大的女王伊丽莎白！" "她曾经说过，她嫁给了这个国家，果然……"	伊丽莎白一世生活简朴，她在任期间英国的财力日益增强，与过去已经不可同日而语。 "国库满了。"	只有伊丽莎白一世，拥有我不得不承认的贤明君主的大部分特质。

洛克的政府论

像伊丽莎白一世这样的贤明君主，一般都无须去要求增加自己的权限。

原因不是明摆着吗？

对于贤明君主的统治，国民是信任而且服从的。

如果君主的决定总体来说是为了国民的安全和幸福，

太阳升起就工作，太阳落山就休息，挖井就有水喝，耕田就有饭吃，托国王的福，我已经别无所求了。

君主的权限自然就会越来越大。

赐予我力量吧！

实际上，伊丽莎白一世当时甚至让人们都忘记了议会的存在。

我们国家有议会吗？

好像是有……

我们已经被遗忘了。

议会的存在，是为了对国王的错误政策进行监督和干预。

如果国王不存在这样的问题，那议会也就失去了存在的意义。

再怎么拍打，也没有尘土。

对于贤明君主所拥有的裁量权，也就是所谓的特权，洛克抱有非常宽容的态度。

因为有很多历史经验已经证明了这一点，所以我也只能那么想。

洛克认为的确有贤明的君主，

的确存在那样的君主，在保障国民的安全和幸福的同时，还会使用自己所拥有的强大权力，努力去为国民谋取福利。

当然，这样的人是非常少有的……

第10章 论特权 199

但这并不能保证他们的继承者也同样贤明。
先王怎么会生下这样的儿子？
连他父亲的一根手指头都赶不上。
嘿嘿
换句话说，限制君主的权力，不是因为所有的君主都是暴君，
以后，未经议会的通过，国王不得随意征税。
发抖
而是由于那些利用权力满足自己的私欲，
亨利八世
我要和凯瑟琳离婚，然后跟安妮·博林结婚。
安妮·博林
我绝对不允许！
或者自以为权力来自上帝的君主。
除了上帝，国王不必对任何人负责。
啊哈哈哈！
人们会愿意服从能够保障国民幸福与安全的君主所拥有的裁量权。
难道不应该这样吗？那样是对我们最有利的。
但是，有些君主向国民征收不必要的税赋，将自己的宫殿装饰得豪华奢侈，
换换装饰，看起来会更华丽。
陛下，国库已经没钱了。
这当然就会使国民不得不去寻找其他的出路。
嘿嘿
已经有人因苛捐杂税饿死了。
没有一个人会愿意默默地等着别人来侵犯自己的权利。
法国大革命就是因此而爆发的。

如果英国的历任国王都像伊丽莎白一世那样，洛克也就不会写这部《政府论》了。
但英国的现实并不是那样的。
如果国家能够持续地繁荣与和平，国王能够以国民的福利和幸福为目的去统治国家，
谁会去批判这样的政府，又或者想要去改变这样的制度呢？
平静安宁
即使有那样的人，人们也不会同意他的主张，
呜
请大家听我说！
而是会把他看作反社会分子，或是精神不正常的人。
你为什么对陛下有那么多不满？
真是太可笑了。
好像有点不太正常？
不幸的是，伊丽莎白一世的继承人詹姆斯一世，
就因为其放荡奢靡的生活，而遭到国民的诸多指责。
而且，国民还骂我是酒鬼，我也不知道为什么会这样……
嗝儿
啧……
他会随时召开议会要求征税，
对自己满意的人就大把赏钱。
给这么多，应该不会再有人说我吝啬了吧。
哇！这么大一袋……
哗啦啦
其实现在的英国王室，

每年也是要从国民的税款中得到很多以用于维持生活。

不过，现在除了与国王、王子、王妃等位置直接有关的人，其他的人都在从事一份工作。

而伊丽莎白一世因其生活简朴，得到的钱不仅没有花完，

不小心看了两眼，好咸呀……

反而退还了很多。

这些钱对朕来说太多了。

天哪，第一次看到这样的国王。

简朴归简朴，但是因为开拓殖民地而增加了大笔收入，这是不需要退还税款给国民的。

詹姆斯一世的花费则是伊丽莎白一世的两倍多，甚至还不够花。

又没钱了吗？

他会随时向议会伸手要钱。

给我钱！

没底儿的缸怎么能存住水呢？

这样一来，当然就只能增加国民的赋税。

唉，怎么又是只吃土豆？

日子越来越不好过了。

跟先王在的时候简直是天壤之别。

国民不会斤斤计较为自己谋福利的贤明统治者的权力。

我也同意这一点。

为什么一会儿这样，一会儿那样？

贤明的统治者并不是自己想要成为专制君主，

而是在国民的信任和追随下，才具备了如同专制君主一样的强大权力。

202　洛克的政府论

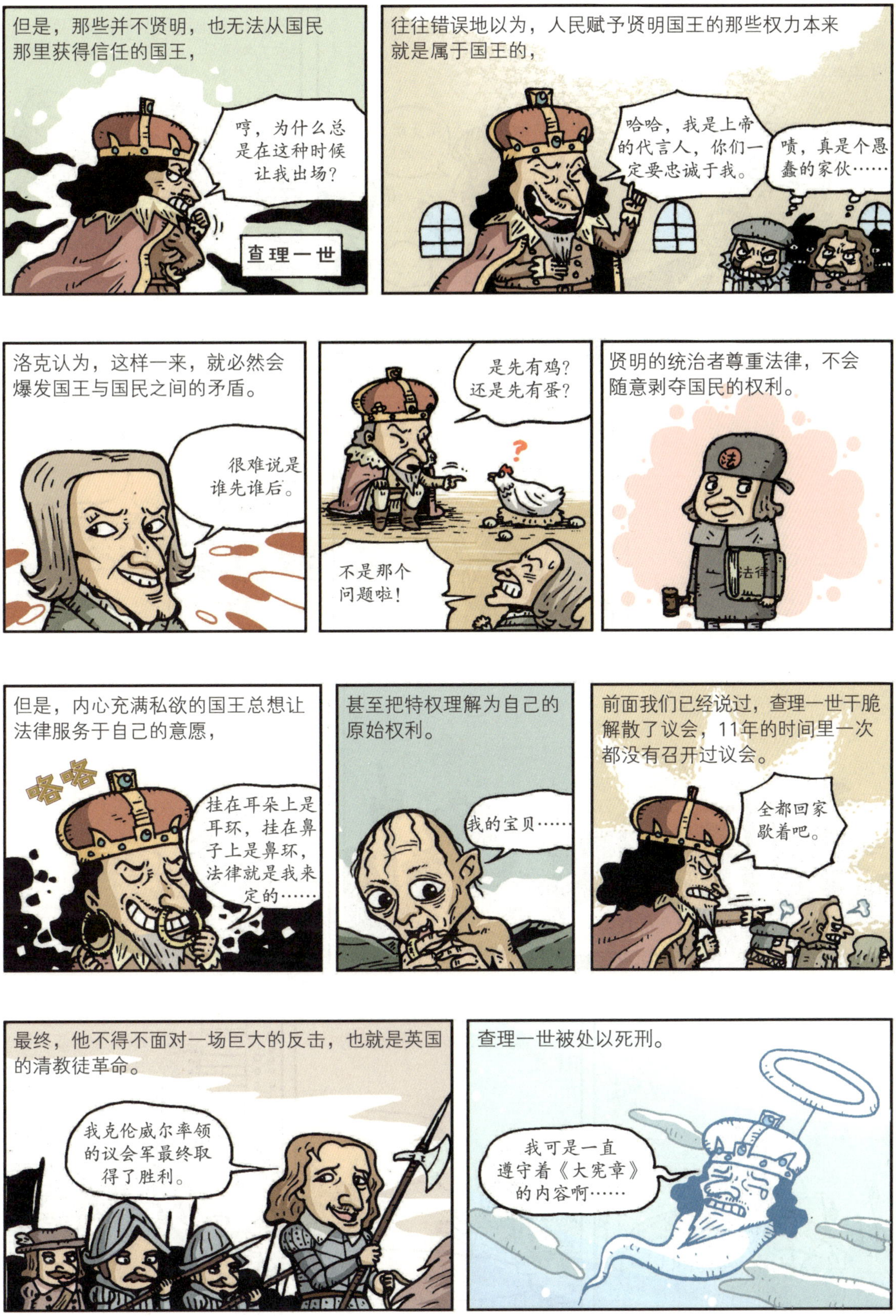
但是，那些并不贤明，也无法从国民那里获得信任的国王，
哼，为什么总是在这种时候让我出场？
查理一世
往往错误地以为，人民赋予贤明国王的那些权力本来就是属于国王的，
哈哈，我是上帝的代言人，你们一定要忠诚于我。
啧，真是个愚蠢的家伙……
洛克认为，这样一来，就必然会爆发国王与国民之间的矛盾。
很难说是谁先谁后。
是先有鸡？还是先有蛋？
不是那个问题啦！
贤明的统治者尊重法律，不会随意剥夺国民的权利。
法
法律
但是，内心充满私欲的国王总想让法律服务于自己的意愿，
咯咯
挂在耳朵上是耳环，挂在鼻子上是鼻环，法律就是我来定的……
甚至把特权理解为自己的原始权利。
我的宝贝……
前面我们已经说过，查理一世干脆解散了议会，11年的时间里一次都没有召开过议会。
全都回家歇着吧。
最终，他不得不面对一场巨大的反击，也就是英国的清教徒革命。
我克伦威尔率领的议会军最终取得了胜利。
查理一世被处以死刑。
我可是一直遵守着《大宪章》的内容啊……

洛克所说的特权是对国王正当权力的肯定，同时也指出，为了正确地使用特权，国王应该怎么做。
特权，就如同是给予伟大国王的一种奖赏。
但是，应该由谁来判断君主是正确，
现在派出密使！
遵命！
还是错误地使用了自己的这种权力呢？
如果有一种能对此做出判断的机器……
洛克认为，世界上根本不存在能够做出这种判断的人。
人民在没有别的补救办法时，就只能求助于上天了。
轰
隆
让雷劈死那些害我的人吧。
因为本来属于人民自己的权利遭到了侵犯，
各种莫名其妙的税收……
竟然用军法处置普通百姓。
人民就不再负有服从的义务。
我们再也忍受不了了。
呵
发生叛乱了。
前面曾经说过，只有在人民相信统治者或君主，
啪
是为了人民的福利而行使特权的时候，才会产生服从的义务。
嗒
嗒
嗒
这样说，很多人可能会感到忧虑。
怎么能不忧虑呢？
如果社会成员都不服从政府，社会就会变得动荡。

而社会陷入混乱后，只会导致更糟糕的结果。

有一句话非常适用于这种情况。

苏格拉底：恶法也是法。

预备！

但我的想法却与苏格拉底不同。

洛克认为，人没有权利毁灭自己，或者剥夺自己的生命。

禁止自杀

以牙还牙，以眼还眼。

啊，我的牙！

而且，任何人都没有权力侵犯我的正当权利，以及生命和财产。

洛克指出，如果有人想利用立法权或执行权去侵犯他人的权利，

查封

即使是依照法律，也应该予以拒绝。

听到没有？怎么能随便闯进别人家里，在我的东西上贴封条呢？

你已经5年没有缴税了。

但是这样做的结果，是不是会让社会陷入混乱呢？

其实不必有这种担心。

因为几乎不会发生那种情况。

我们早就指出过，贤明的君主或统治者是绝对不会让这种情况发生的。

没有人无端地想要让社会出现颠覆。

太过分了！

啊

第10章　论特权

205

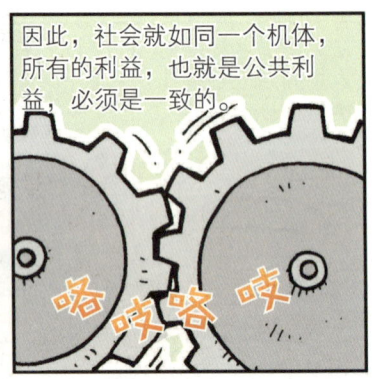

但是如果统治者有着错误的想法，只以个人私利为目的进行统治，

那样混乱就无法避免了……

我们在前面曾经多次强调，国家最重要的权力就是立法权，

而执行权和对外权都应该以立法权为基础去实施。

对外权，指的是外交权或同盟权。

统治者随时都要牢记所有权力的目的到底是什么。

权力的目的，必须要与组成社会的目的保持一致。

人们是为了保障相互的幸福与安全，才组成社会的，

他们为此将自己的权利委托给立法者或统治者。

好呀！

因此，社会就如同一个机体，所有的利益，也就是公共利益，必须是一致的。

咯吱咯吱

如果相互之间的利益不一致，统治者或立法者只考虑自己的利益，而错误地使用人民委托的权力，

怎么样，现在压力都没有了吧？

咚咚咚

人民当然就想要收回本来属于自己的权利。

赶快交出来！

嘿，真好玩……

嗖

洛克的政府论

会有人让一只小猫去看守鱼缸吗?

金鱼就拜托你了。

喵呜

洛克认为,接受错误的统治,

哇,皇帝的衣服太漂亮了。

最棒了。

要比出现混乱更加可怕。

什么呀?你怎么没穿衣服就出来了?

嘤

如同我们多次强调过的,人们组成社会的最重要的目的是为了保障自己的安全和幸福。

但是,如果在组成社会之后,自己的安全反而更加难以保障,

呜

并且会成为别人私欲的牺牲品,

啊呜啊呜

如果是这样,还不如离开这个社会,那样可能要更好些。

我的想法很过激吗?

不过,我写这部书就是想告诉那些统治者怎么做是正确的。

洛克相信,只有这样做,大家共同组成的社会才能成为更稳定的社会,

国家才能成为更强大的国家。

第10章　论特权　　207

英国议会制的历史

英国议会制有着750多年的历史。在英国，最初得以召开议会的契机是《大宪章》。《大宪章》是1215年英国国王约翰被迫签署的一份文件。与他的父王亨利二世和兄长理查一世不同，英国国王约翰没能从国民那里获得信任。在战争中的多次失败，让英国失去了很多领土，而在这个过程中不断地增加赋税，成为激起民众不满的决定性原因。基于国民的这种强烈不满，贵族们发动了政变，最终，约翰不得不在贵族们的请愿书上，也就是《大宪章》上签署了自己的名字。

《大宪章》中不仅包含了贵族们的要求，也包含了限制国王权力的内容，所以被认为英国议会政治的第一步。之后的英国历史中，每当国王和议会成员之间发生冲突的时候，议会成员都会高呼《大宪章》，向国王施加压力，要求国王听取议会的意见。

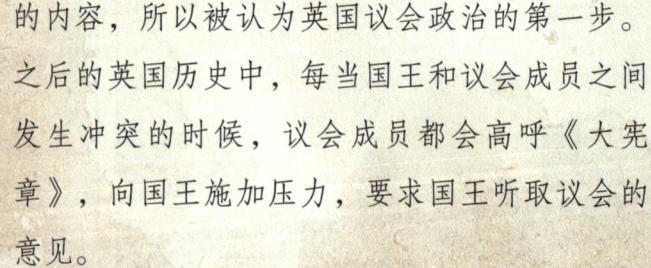

《大宪章》之后，再次召开议会是在

1265年。1216年，英国国王约翰去世，他的儿子，年仅9岁的亨利三世登上了王位，因而贵族们的权力变得越发强大。但是，随着亨利三世逐渐长大，他实行了一系列强化王权的措施，在这个过程中，贵族们以西蒙·德·孟福尔为中心，发动了政变。政变成功后，为了限制国王的权力，西蒙·德·孟福尔召开了英国历史上第一次国会。英国各个郡和城市各自选出两名代表共同组成议会，以后凡国家的重大决定，都要由议会来决定，这次会议具有非常重要的意义。

亨利三世

在此之前的议会，大部分议员都是贵族。但是，西蒙·德·孟福尔让私营业主、小商人等各个阶层的人都进入了议会，力求实现一种平等的民主的议会构成。当然，要想更加民主，英国议会仍然需要很长的发展过程。

英国国王约翰、亨利三世等，这些国王无视贵族和平民的利益，实行错误的政策，所以招致了国民的反叛。但是，后来的国王大多都肯定了议会的存在，努力与议会合作，以便实现英国的繁荣和稳定。在亨利七世、亨利八世、伊丽莎白一世这些伟大君主统治的100余年，英国国王的权限逐渐得到恢复，议会的力量已经不足以制约国王的权力。一般只在国王需要的时候才会召开议会，如果国王不召开议会，那么议会成员就无事可做。

《权利法案》原件

而且，英国和法国的百年战争成为王权得

亨利八世

伊丽莎白一世

以强化的契机。因为对外战争，议会成员不得不与国王合作。百年战争以后，英国贵族内部发生了玫瑰战争，其结果让很多贵族丢掉了性命，同时也失去了能够制约国王的有生力量。

虽然议会失去了力量，但由于百年战争和玫瑰战争的缘故，也让议会制获得了重新发展的机会。实际上，《大宪章》是国王向贵族妥协的结果，后来召开的议会也大部分是由贵族主导。不过，因为长期的战争，贵族阶层的人数锐减，以私营业主和小商人为中心的上流阶层的势力逐渐扩大。玫瑰战争之后继承王位的亨利七世想要制约贵族的势力，于是任命上流阶层出身的人来担任地方管理工作，这让平民在议会中越来越活跃。

从亨利七世开始，直到伊丽莎白一世的100余年，英国国力逐渐发展壮大，成为欧洲强国。

伟大的君主不断出现，国王又重新找回了昔日的荣光，议会则艰难地维持着。但是，伊丽莎白一世的继承者詹姆斯一世，却不同于之前的明君，他是一个非常傲慢，而且热衷于奢靡生活的人。他想要维持绝对王权，却彻底失去了议会成员和国民的信任。国王与议会成员之间的矛盾一直持续到詹姆斯一世的儿子查理一世统治的时代，革命也随之而来。

与他的父亲不同，查理一世并不喜欢奢侈的生活，但他与议会成员的关系并没有好转。特别是在1628年召开的议会上，查理一世要求增加税赋，以便筹集与西班牙开战所需要的军费。

议会成员则要求查理一世在《权利请愿书》上签字。为了军费的问题，查理一世不得不同意了议会成员的要求，签署了这份文件。《权利请愿书》与《大宪章》《权利法案》一样，都是奠定英国议会民主制基础的重要文件。

但是，查理一世并没有遵守《权利请愿书》上的约定，从1629年开始，在长达11年的时间里，他没有召开过一次议会。查理一世解散了议会，在没有议会制约的情况下，查理一世开始按照自己的意愿推行各种政策和措施。

随着与苏格兰的矛盾日益激化，决定发动战争的查理一世为了筹集军费，不得不在11年后再次召开议会。然而，议会成员依然没有站在查理一世这边，反而对国王展开了更加激烈的批判。被激怒的查理一世在3周之后再次解散了议会，这次议会被称为"短期议会"。

查理一世

在没有议会成员的支持下，强行决定与苏格兰开战的查理一世不仅在战争中落

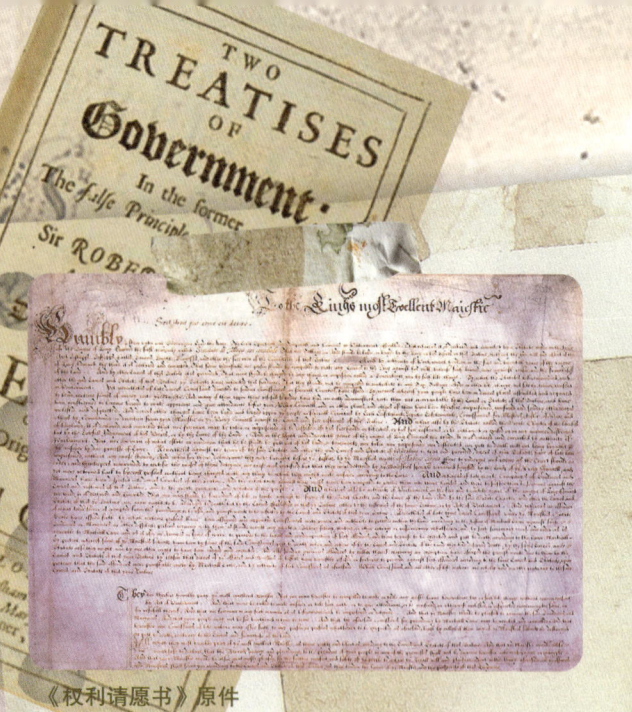

败，还要缴纳高额的赔款。这一结果让查理一世陷入了更大的困境中，不得不再次召开议会，这就是"长期议会"的开始。持续了12年的长期议会，一直到奥利弗·克伦威尔领导的清教徒革命时期才结束。

《权利请愿书》原件

长期议会期间，掌控着议会的清教徒们强烈地批判了查理一世对于清教徒的镇压政策。1642年，查理一世想要逮捕议会的领导者，但是遭到抵抗，英国内战开始了。在这个过程中，既是清教徒又是上流阶层出身的奥利弗·克伦威尔率领的铁骑军一路奋战，在战争中获胜，查理一世被送上了断头台。

清教徒革命后诞生了英国历史上空前绝后的共和制，克伦威尔就任护国公。但是，随着克伦威尔的去世，英国重新进入了君主政体的时代。尽管如此，国王的权威已经与过去不能同日而语，清教徒革命之后，确立了议会高于国王的地位。

克伦威尔死后，查理二世即位，英国重新开始了君主政体，但是国王的地位再也无法回到过去的状态。尽管这样，查理二世和他之后的詹姆斯二世还是拥护天主教，希望不断强化王权统治，最终导致了

光荣革命的爆发。光荣革命确立了英国的君主立宪制，也就是"保留国王，但不参与统治"的传统。这场革命没有发生战争，也没有流一滴血，所以被称为光荣革命。查理二世之后的詹姆斯二世拥护天主教，想要强化王权，无视议会，他的这些态度让他失去了国民的信任，最终连支持他的托利党也离他而去。

乔治一世

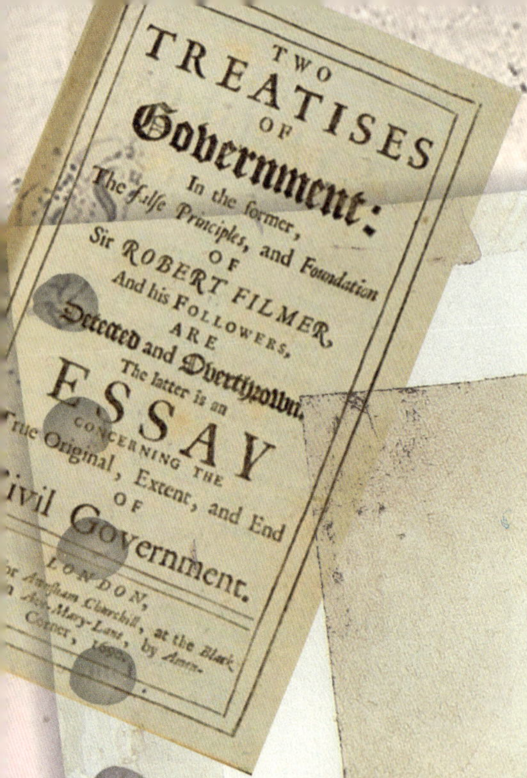

TWO
TREATISES
OF
Government:
In the former,
The False Principles, and Foundation
OF
Sir ROBERT FILMER,
And his FOLLOWERS,
ARE
Detected and Overthrown.
The latter is an
ESSAY
CONCERNING THE
True Original, Extent, and End
OF
ivil Government.

LONDON,
r Awnsham Churchill, at the Black
n Ave-Mary-Lane, by Amen-
Corner, 1690.

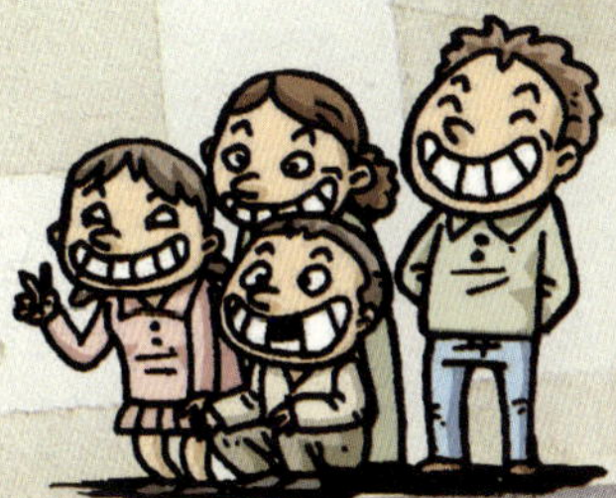

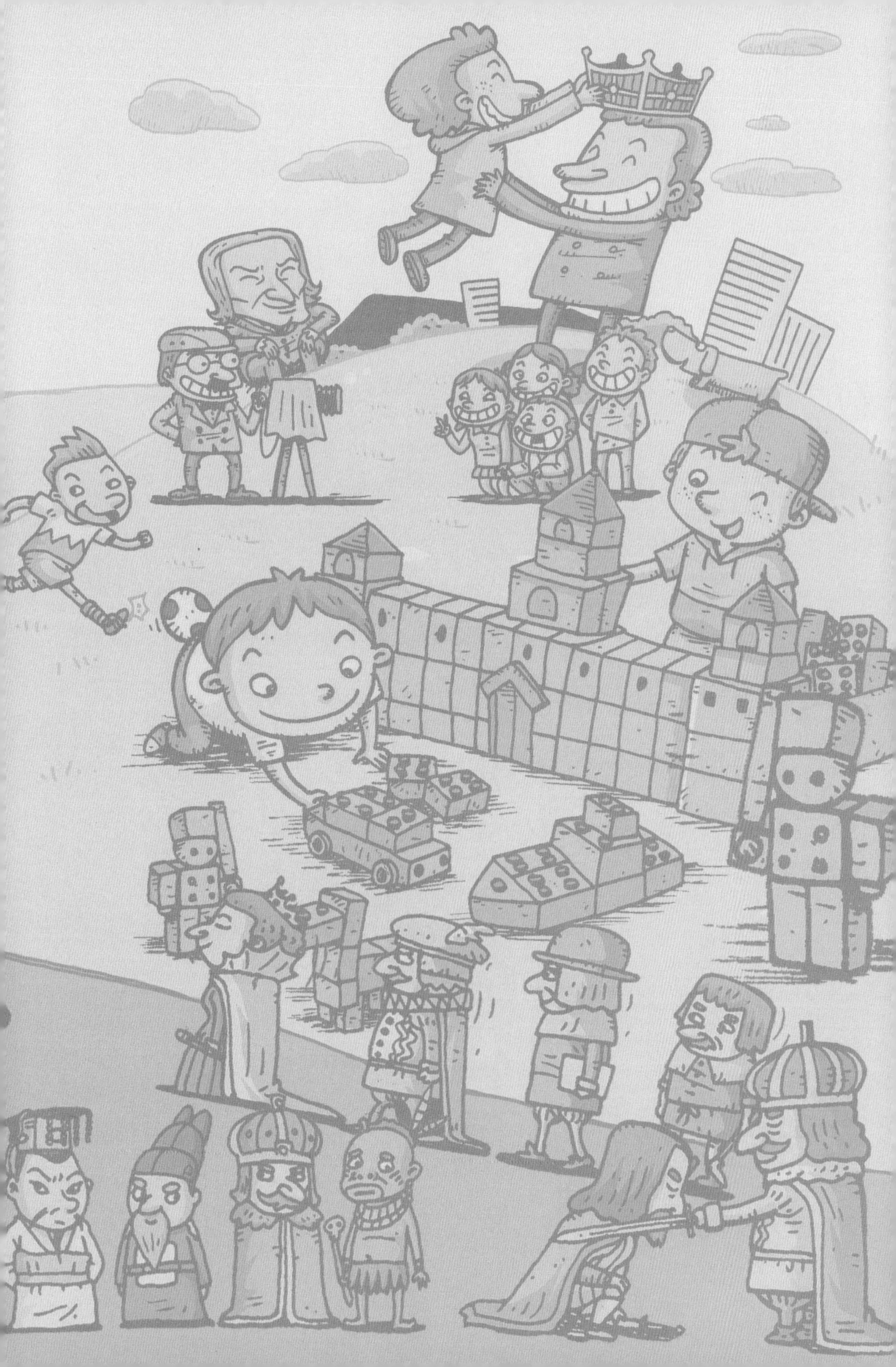

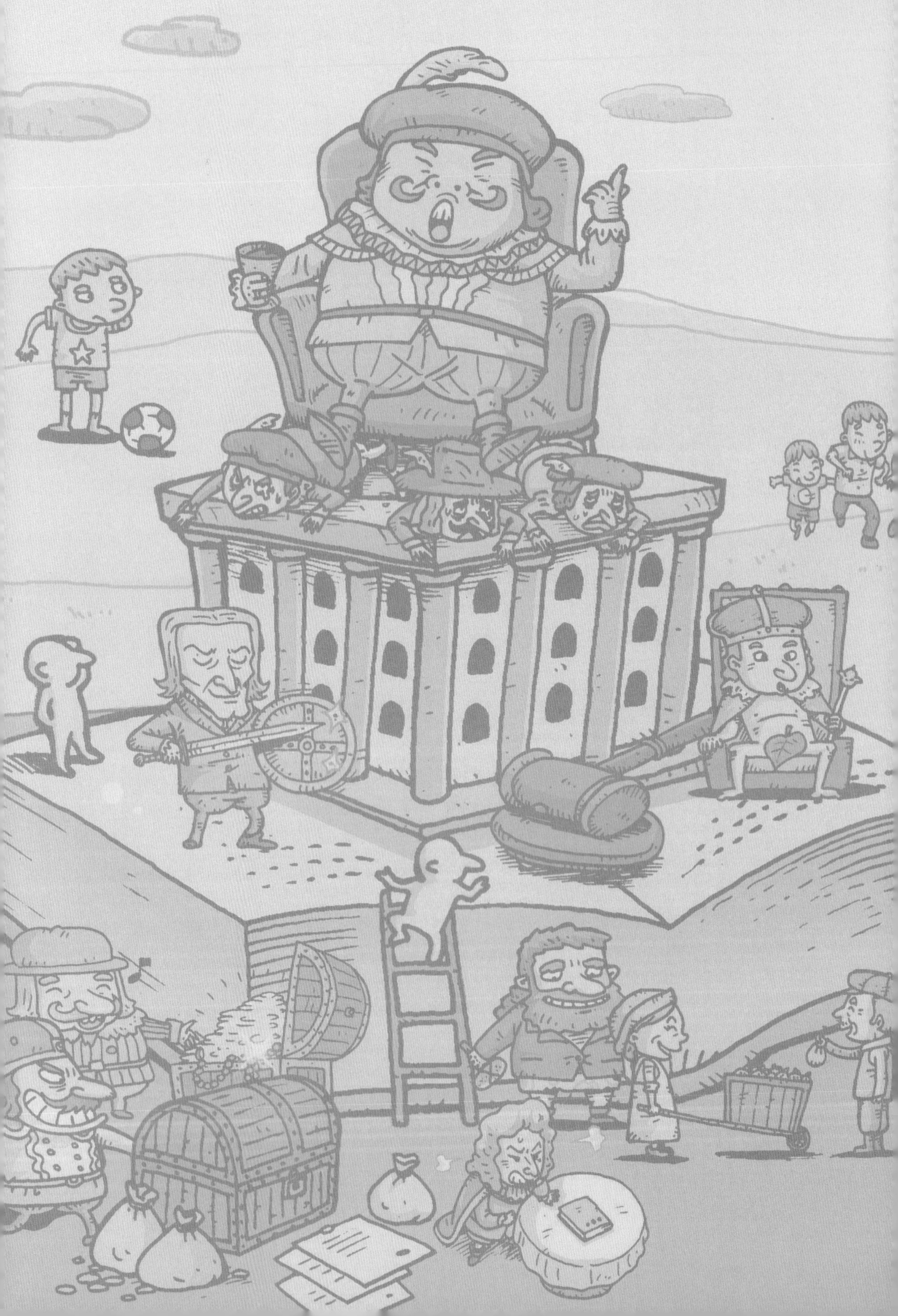

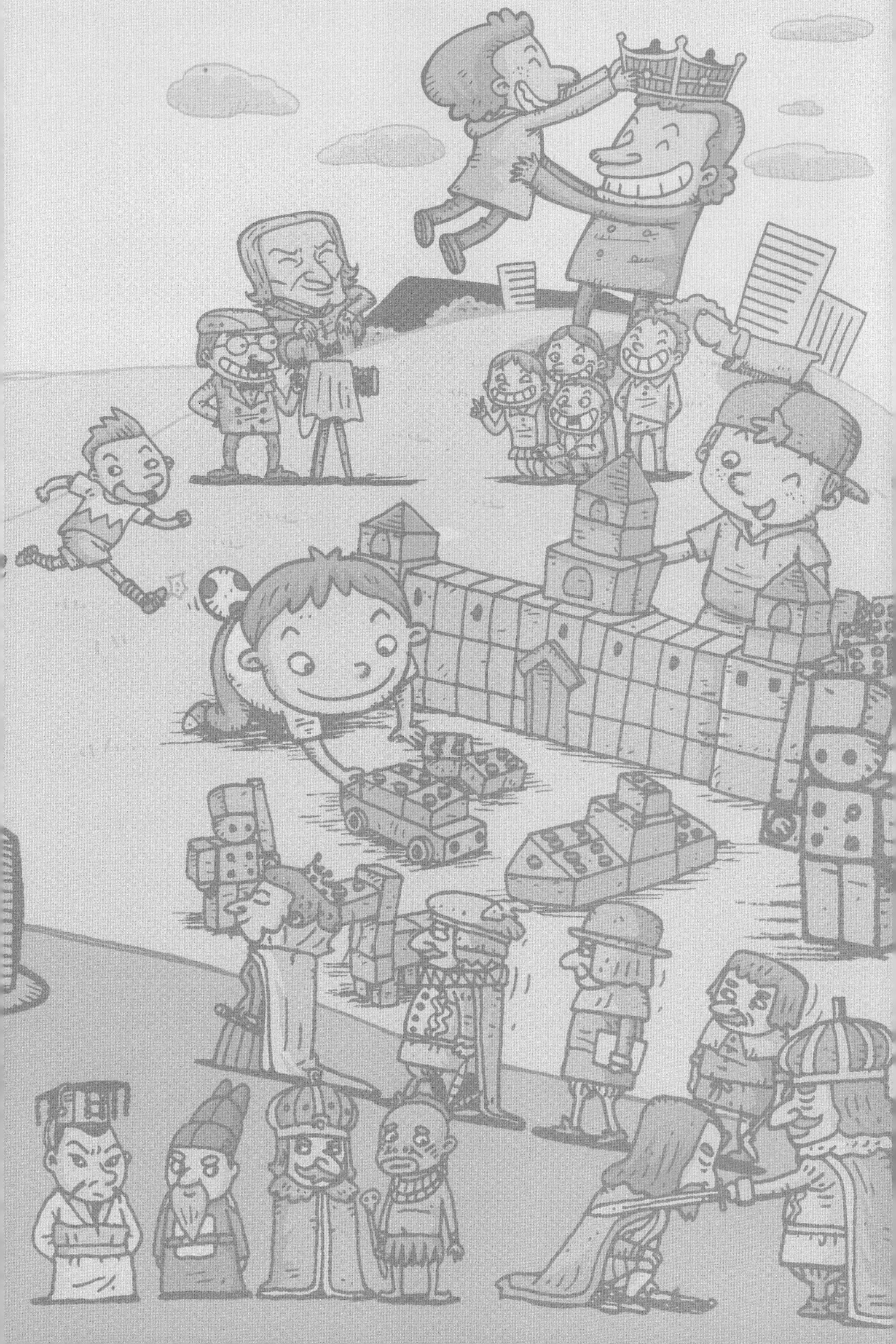

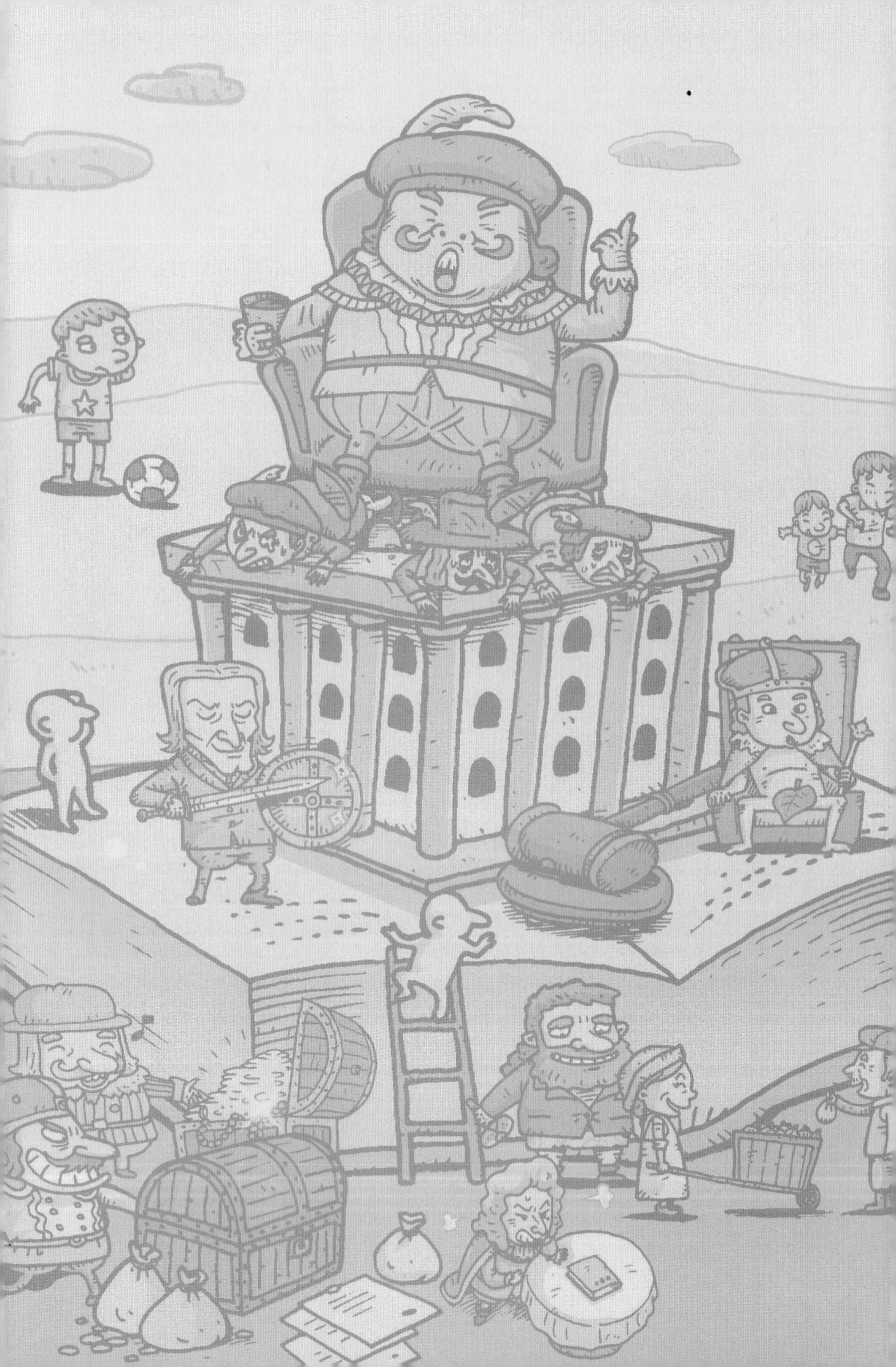